目次

平和のための霊性　三分節化の原理

平和のための霊性

三分節化の原理

戦争、世界史のカルマ

(『われわれの生きる悪の時代の霊的背景』から第１講・第２講)

ドルナハにて

1917年９月29日、30日

Die spirituellen Hintergründe der außeren Welt

第一講

霊学から見た第一次世界大戦の背景　一九一七年九月二九日

しばらくぶりにふたたびこの地で皆さんと一緒にいられることをとても喜んでおります。この地は何といっても、私たちの努力、私たちの意志が眼に見える形で表現されている土地なのですから。この意志の努力目標へ向って、私たちは霊学を研究し、実践することで、少しでも近づこうとしています。

私たちの霊学上の努力は、人間のもっとも内奥の本質と結びついているのですから、私たちは折にふれて、みずからに何度でもこう問いかけなければなりません。――一体私たちの意志の根本性格といえるものは、どんなものなのか。

私たちの意志と努力の根本性格を問うのであれば、現代というこの時代状況の中で、この悲しい時代状況の中で、否定的な答えしか出てきません。

すでに三年以上も前から世界中に拡がっているものが何であるのか、さしあたりわざわざ性

格づける必要はないでしょう。私たちはみんな、同じように感じとっているのですから。今、世界中で起きていることは、私たちの努力、その外的表現であるゲーテアヌムの目ざす方向とはまさに正反対の方向に向っている、とみんな感じているのです。

私たちは、人類が今必要としている霊的な進化の流れを明らかにしようと試みてきましたが、その観点から言えば、この数年間の恐ろしい、悲劇的な出来事へ導いた流れは、この霊的な進化の流れに逆行するものだ、と言わなければなりません。このことを繰り返し実感するためには、今世界で生じていること、今世界で荒れ狂っていることに私たちが魂のすべてで関与できなければなりません。この数年間に起こったことは、まるで時代がばらばらに引き裂かれてしまったかのように、この大戦以前のことがまるで数年前ではなく、数百年も前の出来事であったかのように思わせる出来事ばかりです。

これまでいつもそうであったように、現代においても、時代の出来事を眠って過ごすような、時代の出来事に目覚めた意識で向き合えないような多くの人がいます。けれども目覚めている人であれば、四年前、五年前の印象を思い出すとき、まるで数世紀以前に書かれた書物や芸術作品に接しているかのような思いを受けてしまいます。この世界大狂乱以前に経験したことは、それほどに遠く離れた、手の届かないところへ行ってしまったのです。

もちろん、この大狂乱が勃発する以前にも、霊学的な意味で、目覚めた眼で世界を洞察する

人は、将来何が襲ってくるのか、気づくことができました。私たちの友人の多くは——何度でも申し上げたいのですが——、公開講演に際して方々で提出された疑問への型通りの私の答えを思い出して下さるでしょう。繰り返し提出された疑問というのは、「統計上明らかになっている人類総人口の増加は、輪廻転生の教えとどう結びつくのか」、ということです。

地上の人類の総人口は急速に増加しています。そのことと霊学が提示する、同一の魂が生まれ変わってくる、という事実とは、矛盾していないのか、というのです。私はいつも同じことを言わなければなりませんでした。——外から見ると、統計上、地上の総人口が増加している、と言うことは正しいであろう。けれどもその統計は、こういう問題に答えるのに必要なだけの長い時間をかけていない。あまりにも短期間の統計で満足している、と。

そして、私はいつもこう付け加えました。——将来、それほど遠くない時代に、地上の総人口が減少していくのを経験させられるだろう、と。

今世紀のはじめからずっとこの同じ問答を繰り返さなければなりませんでした。

ぜひ分かっていただきたいのですが、霊学に関しては、いろいろな問いに簡単明瞭に答えを出すことができないことが多いのです。なぜなら、私たちの時代はまだ真実を正しい形で受容するところまで到っていないからです。いくつかの点は、暗示するに留めておかなければなりません。この恐るべき世界破局が始まる少し前、ウィーンで行った連続講義の中で、人類の進

化を侵食する社会の癌のことに触れました。こういう事柄、似たような多くの事柄を通して示唆されているのは、今人類の進化にどんな影響が与えられようとしているのか、ということです。こういう事柄を通して、私たちは、私たちの時代に眼を向けるように求められているのです。

今の時代に眼を向けること、そのことだけが本当に私たちを目覚めさせてくれるのです。時代が私たちに、そして人類に、目覚めることを求めているのですから。霊学は、みずからの課題に応えようとするのであれば、特にこの目覚めのための刺戟剤にならなければなりません。

感覚世界の諸事象、知性が洞察できる感覚世界の諸法則、そういうことだけを知っているというのは、高次の意味では、眠っているということです。空気や水、星々、太陽や月についてと同じように、私たちの周りに存在している霊界についても、概念や理念をもつことのできる人だけが、完全に目覚めているのです。もちろんその人も夜になれば、体内の過程に従って、外の物質世界のことを何も意識しないで眠っています。外の感覚世界だけに従い、感覚世界の中に働く知性の世界、知性の法則だけを受け容れて、私たちの周囲の霊界に何も気づいていない人と同じように、ただ眠っているのです。

注目すべきことに、まさにこれまでの数世紀間における、そして特に最悪とも言える一九世紀と二〇世紀の転換期における人類は、精神の進歩と学問上の成果を自慢し続けてきましたが、

そもそもこの数世紀くらい、無意識的、本能的な生活が支配的だったことはありません。本能的、無意識的なものは、現代に近づくに従って、ますます人間を捉えるようになりました。周囲に存在する霊的なものを何も見ず、霊的なものを何も顧慮しなかったこと、それが結局、この恐ろしい世界大戦の原因になったのです。数世紀続いているようにさえ思えるこの数年間に、これほどの恐ろしい仕方で経験させられてきた事柄からも、人びとはまだ十分に学ぶことができたとは、とても言えません。むしろ正反対のことなら言えるかもしれないのです。

今、毎日毎時間、経験させられている事柄には、一体どんな特徴があるのでしょうか。こんにちの人が考えていること、より正確に言えば、考えていると称していること、欲していると称していることを見てみると、一体そこにはどんな特徴が見られるのでしょうか。

本来の特徴と言えるのは、世界のなりゆきについて、誰もどうしたいのか知らないでいる、ということです。世界について何を望んだらいいのか、誰もまともに考えようとはしていません。個々の国家がどのように思っているかとは無関係に、諸民族の人びとが本来求めていることは、血なまぐさい出来事にあふれた戦争などに依らないほうがずっとよく達成できるのです。実際、こんなにも恐ろしい、血なまぐさい出来事が現に生じています。けれども、この恐ろしい出来事は、本来求められていることに較べれば、まったく不必要なことです。

こういう出来事には秘密に充ちた関連が働いています。もちろん示唆するだけでしたが、こ

こ数年来、私たちの霊学講義の中で述べてきた事柄を思い出して下さるなら、ここ数年の出来事の中のもっとも重要な、本質的な事柄に関しても、いくつか大切なことがはっきり述べられていたことに気づいて下さると思います。

特にロシア民族の特徴やこのロシア民族と西ヨーロッパや中部ヨーロッパの諸民族との対立について、ここ数年間に申し上げてきたことだけでも、昨今、嵐のような烈しさでヨーロッパを襲っている出来事の本質に眼を向けてきた、と思って下さるでしょう。通常、ロシア革命と呼ばれる出来事の本質にです。この事件は、報復として現れたのです。その報復は内的に絶対に理解しなければならない、カルマ的な報復です。しかしこの報復という言葉に道徳的な意味を含ませてはなりません。

今、私たちが考えているよりも、もっとはるかに秘密裡に生じているこの事件は、ロシア人だけでなく、ヨーロッパ人、世界のすべての人たちが時間をかけて徹底して考えなければならない問題なのです。なぜなら、今表面に現れてきたものは、数世紀をかけて準備されてきたものなのですから。今形をとって現れようとしているロシアの新しい体制は、本来生じるべきもの、形成されるべきものとはまったく違う顔を示しています。今後数十年の間に、東ヨーロッパによって形成されるであろう事柄に関して、その幻影（マーヤー）と現実との相違を明らかにする可能性は、将来の人びとの手に委ねられています。現在の人びとは、幻影を現実だと思

い込んでいるのですから。現在の人びとは、今起こっていることを、人びとの望んだことなのだとまだ思い込んでいますが、そんなことはないのです。人びとのまったく望んでいないことが、今表面に現れようとしているのです。

西方の諸民族は、今、表面に現れようとしているものを理解するのに、十分な用意ができていません。なぜでしょうか。人びとにとって奇異なことのように見えるでしょうが、この現代という時代は、人びとがもっとも望んでいないこと、つまり霊学的に時代を理解するということを、他のどんな時代よりも限りなく強く求めているのです。現代の人びとにとって奇異なことに思えるでしょうが、十分な数だけの人びとが霊学が問題にする真実を認めるようになるまでは、現代の混乱から秩序が生じることはないのです。このことは、世界史上のカルマなのです。

今のこの戦争が以前の戦争と同じ戦争だと思い込んでいる人たち、以前と同じようにこのあと平和協定が締結されると思い込んでいる人たちがいるとしたら、その人たちは幻影にとらえられているのです。真実と虚偽の区別を知らない人たちなのです。人智学を学んでいる皆さんなら、きっとこう申し上げることを奇異なことだとは思わないでしょう。しかし人びとは、将来なんらかの仕方で架空の平和協定を締結するでしょう。そのときでも今、世界を震撼させているこの混沌から秩序が生じるでしょう。しかし、本当の秩序が始まるのは、人びとが霊的な

観点に立てるようになったときなのです。

けれども今後長い間、本当の秩序が生じることはないでしょう。しかるべき秩序が生じるまで、まだまだ長い年月がかかることでしょう。なぜなら、皆さんもお分かりのように、人びとは霊界の夜明けを迎えたいなどとは、まだまったく思っていないのですから。現在の混沌から秩序が生じるには、まだ長い期間が必要です。人びとの心に霊的観点が浸透するまで、秩序がおとずれることはないのですから。その他のことは、すべて仮象なのです。その他のことは、すべて見せかけの安らぎなのです。そのような安らぎの下で、繰り返して新たに戦争の焔が点火されるでしょう。なぜなら秩序は、この混沌が何に由来するのかを理解したとき初めて、その混沌から生じさせることができるのですから。

混沌は、現実の非霊的な理解の仕方から生じました。そうなのです。現実を非霊的に理解することから生じたのです。霊界を否定する人が罰せられないはずはありません。そんなことはないだろう、と思うこともできるでしょう。この世を生きるときに、もっぱら感覚世界から取り出された概念や考え方だけを頼りにすることもできます。しかし、そういう態度は正しくありません。通俗的な言い方をしますと、霊たちが平気で無視され続けるというのは、人間が心に抱くことのできるもっとも誤った考え方なのです。

もしも皆さんがそれをエゴイズムである、霊たちの利己心であると思うとしても、霊界には

こういうことに関しては、この感覚的、物質的世界におけるのとは異なった在りようがあるのです。皆さんがそれを霊たちのエゴイズムであると思っても、霊たちはこの地上で無視されると、報復するのです。これは法則であり、鉄の必然性なのです。霊たちは報復するのです。そして、現代という時代を特徴づけるとき、「霊たちが長いあいだ無視され続けてきたことに報復している。それが現在の人類社会の混沌である」、と言うことも正しいのです。

これまで私が各地で述べてきたことを思い出して下さい。人間の意識と宇宙の破壊力、宇宙の没落傾向との間には、秘密に充ちた関連がある、と私は述べてきました。宇宙の破壊力と現在の人間意識との間には、そういう秘密に充ちた関連があります。一方は他方の補充役になっているのですが、それだけでなく、次のような仕方で互いに役立っているのです。

どうぞ考えてみて下さい。一九世紀の七〇年代、八〇年代、九〇年代に、人びとはもっぱら物質界の知識を求め、物質界で行動してきましたが、もしもその頃の人びとが霊的な内容を求めていたとします。一九世紀末の人びとが霊的な体験を求め、霊的な知識、霊的な行為を求めていたとします。そうしたら、どうなっていたでしょうか。人びとが霊界を認識し、霊界から物質界を特徴づけようと努めていたとしたら、どうなっていたでしょうか。現実上の一九世紀末は、人びとが本能的にますます物質界の知識を求め続け、その結果、最後には殺人道具を次々に作り上げることでこの知識の最大の勝利を祝うところにまで来ました。そして、人びと

は純粋に物質的な財を豊かにすることが人間の豊かさだと思うようになりました。

しかし、もしも人類が霊的な知識、社会で生きるための霊的な衝動を獲得しようと努めたとしたら、どうなっていたでしょうか。そうしたら破壊力を分割で返済済みにすることができたでしょう。人びとが一九世紀最後の数十年を眠って過ごす代わりに、もっと目覚めていて、二〇世紀の最初の数十年の意識がもっと強力でありえたなら、一挙に破壊に突き進んだりはしないで済んだことでしょう。霊的な意識は、物質的な意識よりももっと強力でなければならないのです。一九世紀最後の数十年間の霊的な意識がもっと強力であったなら、二〇世紀の最初の数十年の破壊力がこれほどまで時代に一挙に介入することはなかったでしょう。

一九世紀最後の数十年のことにせよ、二〇世紀初頭の数十年のことにせよ、死の門を通った死者たちのことを知るようになると、今次の大戦のことをこの上なく烈しく、認識論上この上なく残酷な仕方で認めさせられます。この時代には、地上で物質的な事柄に追い立てられて働き続け、霊的衝動を意識の中に目覚めさせる機会をもてなかった多くの魂がいました。多くの魂が霊的な衝動に訴えかける概念や理念に何の関心も持たずに死の門を通っていきました。この地上で、死を迎える以前に、霊的なものを概念や観念で捉える機会がもしもあったなら、その霊的なものをもって死の門を通過したでしょう。そういう霊的なものが死後に必要な力になってくれたでしょう。多くの魂たちはそういう力をもつことができませんでした。

一九世紀最後の数十年と二〇世紀初頭の数十年のいわゆる精神史を学ぶ人は、霊という言葉をどうしても正しく用いることができなかった事情が理解できます。人びとは霊を精神と呼び、あらゆる可能な事柄を理解するために用いましたが、まさに霊そのものには用いなかったのです。ですから人間の魂たちは、この地上で霊を知る可能性をもてませんでした。死者たちの魂は、その知識の負債を弁済することができません。そして今、死後の霊界で餓えているのです。地上で唯物主義者だったこの魂たちは、何に餓えているのでしょうか。物質界における破壊力に餓えているのです。なぜなら、それが負債の弁済なのですから。

こういう事柄はお手盛りの概念では片づけられません。こういう分野での現実を知ろうとするのなら、エジプトの秘儀で鉄の必然と呼ばれていた事柄を理解できなければなりません。それがどんなに恐ろしいことであったとしても、破壊力の要求が広範囲に及んでいることは確かなのです。なぜなら、死者たちが破壊力を求めているのですから。死者たちは、この地上で霊的衝動を受けとることができなかったので、今、破壊力の中で生きるしかないのです。

このような深刻な真実を魂の中でしっかりと受けとめるまで、現在の混沌から新しい秩序が生じることはありません。大切なのは、こういう深刻な真実を政治上の諸理念の中に生かすことなのです。こういう真実には、ペシミスティックな響きがあります。人類は今求められているすべてから、まだほど遠いところにいます。けれども、どうぞ皆さんのこの当然のペシミズ

ムから私たちに共通の内的な要求を引き出して下さい。人生のどんな機会にも、霊学の衝動に従って魂を覚醒させたいという内的要求をです。

もちろん目下のところ私たちには、まだあまりやれることはありません。けれども近代は、今この地上を生きている私たちが恐ろしさに身震いしながら経験させられているこの状況を、死者たちの中に憧れとして呼び起こしたのです。私たちはこの事実を一人ひとり具体的に理解することができるように、今あらゆる努力をはらうべきなのです。

教会の説教を聴いた方は、死者たちの置かれている状況を知りたいと思っている人たちに対して、そのもったいぶった説教がどんなに安易に、おざなりになされているか、どうぞ考えて下さい。そして、こんにちでは、聖職者のそういう態度に政治家も従っているのです。どうぞ、まさに指導的な立場の人たちの安易な権威主義がどれほど現実からかけ離れてしまっているか、よく考えてみて下さい。そういう指導的な立場の人たちの話を現在私たちが必要としている事柄と較べてみるなら、現代という時代がどれほど深刻な、無限に深刻な時代であるか、分かるでしょう。指導的な立場の人たちは、いずれにせよ指導という言葉にはふさわしくありません。この人たちは、ありとあらゆる自分では意識できずにいる力、無意識の力に導かれているのです。正しい、とはとうてい言えないそのおざなりの力に導かれているのです。

私たちの物質界は、超感覚界と直接境《さかい》を接していますが、物質界と境を接しているこの形而

上的世界の働きかけがこんにちほどに烈しくなったことは、これまでありませんでした。人びとがただそれに気づいていないだけなのです。その働きかけがどんなに恐ろしいものになっても、どんなにそれが私たちの魂のまわりで力を振るっていても、人びとはそのことに気づいていないのです。今よく、「みんなぼんやりしていてはいけない」、というような、非常に啓蒙主義的な物言いがよく聴かれますが、概して、人びとがそういう警告に従う気配は感じられません。そうしようとする様子は見られません。

何人かの友人たちは、私がこの三年間、しばしばひとつのことに注意を促してきたことを思い出して下さるでしょう。つまり、未来のいつか――残念ながら現在の評論家たちは、そうできるはずなのに、そうしてきませんでした――、未来の評論家たちが今次のいわゆる「戦争」の歴史を書くとき、これまで「歴史」と呼ばれてきたものが書かれてきたときと同じ方法を用いることはできないであろう、私は何度かそう申し上げました。

これまで歴史が書かれたときは、いわゆる「学者」が何ヶ月も、何年も、何十年も図書館に身を置いて、外交文書を研究し、そして歴史を書きました。しかしいつか、こういう仕方で書かれた歴史の大部分が役に立たず反故《ほご》になってしまう時代が来るでしょう。ここ数年間の歴史は、こういう方法では書くことができないのです。そんなことができるのは、気の狂った人だけなのです。

実際、現代の混沌を生じさせた原因がそういう方法でこれまで歴史を書いてきた人たちの眼にとまることはないでしょう。その原因は、例えば、次のような事実に対して生きいきとした感覚をもっている人たちだけに受けとめられるのです。すなわち、現代のもっとも気の毒なひとりが法廷に立ち、自分の立場の総括を次のような悲しい言葉で世界に訴えたときのような事実に対してです――「そのとき、こんなことになってしまったのです。そのとき、まさにその瞬間に、私は理性を喪失していたのです」。まったく気の毒な人物スチョムリノフ*はこんなことを自白したのです。

戦争の始まった時点で、かなりの人が理性を失ったのです。彼だけではなかったのです。人びとが理性を失うのは、一体どんな時点なのでしょうか。それはアーリマンとその軍団が地上の人類に関与した時点なのです。人間が意識をしっかりと保ち、その意識が決して曇らされ、麻痺させられることがなかったなら、アーリマンもルツィフェルもそういう意識に関与す

＊原註　ウラジミル・アレクサンドロウィッチ・スチョムリノフ（一八四八―一九二六）は第一次大戦勃発当時、ロシアの軍務大臣だった。彼は総司令官ヤヌシュキエウィッチ、外務大臣サソノフと共に、一九一四年七月二九日の宿命的なロシア軍動員に加担した。しかもその際、最後の瞬間にこの動員中止を命じたツァーリの命令を無視した。ツァーリ失墜後、スチョムリノフはこの経過の責任を法廷で追及された。

ることはできません。しかし「私は理性を失った」と言った人のように、意識を曇らせてしまうと、その瞬間にアーリマンとその軍団が世界の状況に介入し、その瞬間に、外交文書には記されない事柄が生じるのです。ただついでに申し上げますと、ここ数十年間に、全世界の中で本当に理性的な内容が外交文書に記されたことはめったになかったのです。

そのことを別としても、私たちの時代にこういう混沌を生み出した事柄は、人間のやったことだけではなく、なかんずく人間意識を曇らすことによって通路を見出したアーリマン存在たちのやったことなのです。

今ここにいらっしゃる人の中にも、よく憶えている方が少くないと思いますが、現在の世界破局の始まったすぐあとで、この破局の原因を外交文書の中に求めてはいけない、こういう世界的事件に対しては、アーリマンという霊的存在が人間の行為に介入したという事実に眼を向けなければならない、と私はお話ししました。どうぞこのことを、それに見合った真剣さで受けとめて下さい。決して抽象的にではなく、本当に具体的に、こういう問題を現実問題として受けとめて下さい。アーリマンが人間の進化に介入したと言うと、そういう言い方を嘲笑する人たちが今でも大勢います。こういう事柄にまったく無知な人がいくらでもいます。しかし、こういう言い方を冗談めかして笑いものにする人たちを、世界史そのものがあざ笑っているのです。

どうぞ、この数年間、表面を漂っている判断、観念、概念が納得できるものだなどと思わないで下さい！　一年半前にいくつかの場所で、よく眼を見開いて見とどけなければならない事態がやってくる、と言ったときには、誰も理解してくれませんでした。あれこれと具体的な例をあげても、それを正しく受けとめるだけの目覚めた精神を発揮してくれませんでした。それが今、現実となって現れたのです。それなのに、それが一定の土地に深く、深く根を張った事柄だとは思わず、ただこれこれの分量で、これこれの文章が記され、これこれの内容のあとに、これこれの文章が続く、というように評価されるだけなのです。人びとはこういう文章がどこに根を張っているのかまったく見ようとしないで、ただそういうものだとしか受けとっていないのです。

私が何を言いたいのか、分かって下さるでしょうか。この一年半以来、ますますはっきりと表に現れてくるのが見える、と私が言ったのは、ローマ教皇の外交文書 *(Note) のことです。私はいろいろと見てみました。この教皇の覚え書きに関する意見がどこかに出ていないか知りたかったからです。これはどうしても人びとの関心をひくべきものなのですから。

---

*原註　教皇ベネディクト一五世は一九一七年八月一日、交戦国の政府に宛てて、和平覚え書き (Note) を送った。

すでに何度もお話ししたように、一六世紀以来、こんにち「国家」と呼ばれるものが出現しました。確かにこんにち、世界の方々で、「歴史家」と呼ばれる奇妙な人たちが、国家のことを、どれくらい古いか分からないようなものとして論じています。けれども、そういう歴史家は、現実の歴史のことが分かっていないのです。こんにち国家としていとなまれているものは、四、五百年以上古くはありません。それ以前のものは、まったく違ったものでした。そしてこのことを知っておくのは、このことを本当にはっきりさせておくのは、非常に大事なことなのです。

ローマで生きている司祭至上主義（das Sacerdotale）は、近代諸国家よりもはるかに古く、かつては正当なるものとして、社会に良い影響を与えました。私が知りたかったのは、次のような問いが提出されたかどうかでした。――一体、ここ四、五世紀の間に初めて存在するようになったこの近代的所産（近代国家）が、自分からは秩序を生み出せないで、古い司祭尊重主義を、まるでこんにち方々で論議されているような仕方で、論議の対象にしているのは、どうしたことなのか。

たった一ミリの厚さの氷の上でスケートをやれ、と言っているのと同じようなことだと思うのです。司祭尊重主義が現在の近代生活の中に働きかける現場にいる人たちの判断基準は、問題の本質に対して、まるでその下に横たわる水に対する一ミリの厚さの氷のような在り方をし

ているとしか思えないのです。実際、こんにち書いたり語ったりしている人は、一ミリの厚さしかない氷の上のスケーターのような在り方をしているのです。なぜなら、そこで行われていることを誰も理解しようとしていないのですから。問題の本質を知るには、記録文書を手に入れることが大切なのではなく、あれこれの主旨がどこからか述べられたとき、そこに何かまったく別の意図があるのを知ろうとすることが大切なのです。

問題がどういう関連をもっているのかを、外からではなく、現実に即して探求するのです。根本を知ろうとするのです。このことを真剣に知ろうと努めなければならないのです。昨今、いたるところでこのことが必要とされているのです。だから、こんにち良心的な人が、「この問題はまだ理解できない、だからそれについて語るのはまだ早い」、と白状したからといって、別に大騒ぎするようなことではありません。

こんにちの一般教養は信じられないくらい皮相な、うわべだけのものになっていますから、人は何でも理解できる、どんなことにも判断を下すことができると思っているとしても、何も不思議なことはありませんが、だからこそ、こういうことには判断が下せない、判断するには、まずそのための土台を作らねばならないと白状することは、こんにちの人には、とても難しいのです。たいていの人は、判断のためにはまずそのための土台を作る必要がある、とはとても思いつかないのです。

これからの時代にとってこの上なく大切なのは、衝き動かす力を本当に理解することです。そして――仮定の話ですが――、司祭至上主義が仮の秩序を生じさせるのに成功したとしても、混沌が少しでもなくなることはない、と知ることなのです。人びとが安易に思い込むことのできるもっとも間違った考え方は、平和がどこから来ようと、たとえローマ教皇から来ようと、平和であることには変わりはない、という考え方です。もちろん、平和が教皇からもたらされたとしても、害になることではありません。けれども問題は、行動を共にする人たちが、平和をどう考えているのか、ということです。

私たちのこの時代は、毎日、毎時間、毎分、「目覚めよ！」と求めているのです。しかしこんにち、霊学を、人智学を理解してくれるのは、人類が今、二者択一を迫られている、と分かっている人だけです。すなわち、霊を受けとめるか、それとも混沌に留まるか、の二者択一です。

いたるところに張り付いている混沌は、現在の血にまみれた混沌よりも良いわけではありません。もしも今後も私たちが唯物主義しか、しかも高度に洗練された唯物主義しか持てないなら、今のこの三年間に生じたことを土台にして、眠れる人類には気づかれることなく、この土台の上に物質の財を求める新たな競争が始まり、人びとはそれを平和のたまものとして崇めるでしょう。そうしたら人間の魂は、死後、この世の破壊を渇望し続けるでしょう。今後も破壊

がとどまることはないでしょう。

　唯一、霊的な態度をとろうとする内的衝動、そうせざるをえないという感情、理解、それを生かすことだけが更なる前進を可能にしてくれるのです。

　時代を少しでも理解しようとするのでしたら、そして私たちがすでに何度もこの地で考察したような深刻な現実でこの時代を測るつもりなら、今書かれ、語られているすべての恐ろしい世界史上の出来事、すべての慰めのない俗悪な、表面的な出来事をも、心を開いて感じとることができなければなりません。

　子どもたちのことを考えて下さい。この子どもたちは親たちのお皿やグラスやカップをみんな割ってしまいます。おとなは、子どもたちが台所や食事部屋その他いたるところへ走っていって、何かガラスや焼き物のような壊れやすい物を見つけ出すのを、どうしたらやめさせられるか思案します。そしてついに、やめさせるにはどうしたらいいか、思いつきます。多くの人は――その中には教育者もいるでしょう――、こう思うのです。――壊れやすい物を全部取り出して破壊してしまったら、もう何も残らなくなる。そうすれば、何も破壊されない。破壊は終わる。

　こう考える教育者はばかだ、と思わない人がどれほどいるのか知りませんが、私たちならみんな、ばかな考えだと思うでしょう。しかし、自分を利口だと思っている人たちが、世界中で

こう述べているのです。――平和が来るまで、血みどろの戦争が続かねばならない。世界中に壊わせるものがなんにもなくなるまで、すべてを破壊し尽くさなければならない。人びとはこういう考えを賢いと思っているのです。殺人をやめさせるためには、殺戮を克服するためには、やれるところまで人を殺し続けなければならない、というのです。

まだ一片の論理を感じとれる人にとって、この言葉は、教育者が子どもたちに言う言い草以上に賢くはありません。その教育者の言い草はこうでした。――なんにも壊す物がなくなるように、すぐに全部ここへもってこさせよう。最後のひとつまで壊してしまおう。そうすればもう何も壊せる物がなくなる。

なぜ私たちはこういう教師の言葉を愚かだと思い、さきほどの言葉を未来の政治だと言うのでしょうか。なぜなら、人びとの思考がこんにち、まさにもっとも真剣に、集中して働かなければならないときに、働かなくなっているからです。人間の思考が偉大な運命の問いに関わるときに、働かなくなっているからです。

このことについて、明日さらにお話しします。そしていくつかの大切な霊的真実を互いに関連づけて取り上げるつもりです。

第二講

知的進歩と道徳的進歩の矛盾

一九一七年九月三〇日

現代という時代は、昨日の話からも感じていただけたと思いますが、人間の思考と感情と意志が大きく変化しなければならない時代なのです。魂の在りようが別のものにならなければならないのです。これまで身につけてきた習慣は、まさに内奥の魂の生活に関わる部分において、消えていかなければなりません。そして、新しい形の思考と感情が表れなければなりません。このことはまさに時代の要請なのです。

昨日お話しした真実を魂で受けとって下さったなら、きっと深い印象をもってくださっただろう、と私は考えています。昨日私は、俗な言い方をしましたが、この地上での破壊的な出来事と人間の霊化とが互換性をもっている、と申し上げました。そのとき私が言いたかったのは、こういう真実を受けとれたなら、私たちがこの世を去った死者たちとひとつの社会的な統一体をなしていると感じないわけにはいかない、ということでした。

今私たちは、この世で生じていることに深い悲しみを感じています。感じないわけにはいきません。しかしその一方で、これまでの数十年間にこの世を去った、少なからぬ魂たちが、この地上での破壊的な出来事を激しく求めている、ということも忘れてはならないのです。そういう魂たちは今、霊界において、この世での破壊的な出来事から死後の霊的＝魂的な生活に必要な力を汲み取ろうとしているのです。

ですから今、私たちは、人類の未来を破壊しようとする働きを鎮めるための唯一の力である霊的生命を働かせるために、できるだけのことをしようとしています。私たちがよく意識していなければならないのは、これまでの過去の時代においては、事情が異なっていたということです。すなわち、唯物主義の時代であっても、惨憺たる戦争の時代を惹き起こさざるをえない事情がこれほどの規模で生じることはなかったのです。しかし、将来はますますそうなっていくでしょう。

人類は古くからの幻想にいろいろ苦しめられています。そういういろいろな幻想は、これまでは、将来に較べると、それほどひどいものではありませんでした。一般的な言い方ですが、今の時代の人びとの魂は、まだ眠り込んでいますので、現在こんなに烈しく変化しつつある事情に気づいていないのです。けれども時折、あれこれのことが本能的に表面に現れています。そして、人びとはそのことを現代の大きな謎であると感じています。ただその謎を十分に深刻

に感じとるところまでには来ていません。

そういう謎のひとつは、現在の嵐のように襲ってくる破壊的な出来事の印象の下に、何人もの人たちが気づいていることなのですが、それにもかかわらず、その人たちも多くの点で、その謎を解く鍵が見つけられずにいるのです。私の言おうとしている謎とは、人類の進歩の中に見えがくれしている、知的進歩と道徳的進歩との間の矛盾であり、不一致です。

このことは、近年において唯物論的な立場から、まさにダーウィン主義者たちによって、初めてはっきりと問題として提起されました。エルンスト・ヘッケル〔一八三四〜一九一九〕もその著書『世界の謎』の中で、この問題に言及しています。しかし現在、この戦争の時代になってますますはっきりと、人類の進化における知的生活と道徳生活との間の矛盾、不一致が人びとの魂にとっての深刻な謎になっていることに気づかされています。そういう人びとの思いは、次のように述べることができるでしょう。――知的な生活は何という大きな進歩を遂げてきたことだろう。人間の知性は科学を発達させ、唯物的な世界観を生み出し、自然法則を探求し、支配し、その結果、あらゆる種類の機械を、近年は特に殺人道具を開発してきた。他のことについても人びとはこの自然科学の立場から考察を深めるだろう。食物を分析することによって、化学食品を生産するようになるだろう。けれども化学食品が、同じ成分から成り立っているとしても、自然食品と同じものとは言えないなどとは、夢にも思っていないのだ。

主知主義的、もしくは科学的な進歩は上昇線上を辿っています。人間の道徳は、それと同じように進歩してはいません。もしも道徳が知性と同じように進歩していったとすれば、現在の世界破局は生じたでしょうか。今進行しているのと同じ仕方で破局が生じたでしょうか。まさに、人間の道徳的進歩が生じなかったからこそ、そして知性の進歩が反道徳的な在り方をするようになったからこそ、こんなにも多くの点で破壊が進んでしまったのです。

こんにちでは多くの人がこのことをはっきりと認めています。人間の道徳的進歩と知的な進歩との間には、矛盾、不一致が生じているのです。ただ、こんにちの時代は、人類の本当の進歩に寄与すべきこういう問いが十分に深く受けとられることを求めてはいません。こんにちの人間は、人間の思考と行動の深い根底について、何も教えられていないのです。人間の中で区別され、宇宙のまったく異なる領域に位置づけられているすべてが、こんにちの人間にとって混ぜこぜになっているのです。

こんにちの科学が対象としている人間は、肉体、エーテル体、アストラル体、自我から成る存在なのに、そのすべてが混ぜこぜになっています。科学は人間本性をそのように分けてはいないのです。しかし、事柄を理解するための科学がすべてを混ぜこぜにしているとすれば、どうして科学と言えるでしょうか。人間本性のこの四つの部分は宇宙のそれぞれまったく異なる領域に従って分けられ、宇宙のまったく異なる領域にそれぞれ結びついているのです。

私たちの肉体とエーテル体は、この物質界の中で存在しています。私たちのアストラル体と自我は、夜になると、まったく別の世界に入っていきます。その世界は、私たちが覚醒時に過ごしている世界とはほとんど関わりのない世界です。この二つの世界は本来、人間本性の中で結びつくことによってのみ互いに働きかけ合えるのです。

次に考えていただきたいのは、人間の自我とアストラル体が肉体、エーテル体に較べてどれほど若く、未熟であるか、ということです。私たちの肉体の最初の萌芽は、土星紀の間に生じました。そして土星紀、太陽紀、月紀、地球紀の四段階を経て、こんにちの状態に到りました。エーテル体は三段階、アストラル体は二段階を経ています。人間自我は地球紀に生じましたから、もっとも若いのです。つまり、それぞれが別な宇宙期に属しているのです。

さて、私たちの知性のための道具（装置）は、肉体と密接な関係をもっています。私たちが神経系、脳器官、血液系の中に認めるあの完全なる装置は、土星紀、太陽紀、月紀、地球紀を経てきたことによってのみ、ただそれによってのみ生じることができたのです。私たちが知性を働かせるときには、この完全な装置を用いているのです。

一度このドルナハで申し上げたことですが、人間はそもそも人が思っているよりも、はるかに複雑な存在です。私たちが語る「肉体」も、決して単純な存在ではなく、みずからの内に土星紀に由来する素質を担っているのです。肉体の次にはエーテル体が生じました。そして、そ

のエーテル体が肉体の中にひとつの部分を生じさせました。ですから本来、肉体はそれ自身、四つに分節化されているのです。

肉体の或る部分は、肉体そのものとして肉体に組み込まれています。肉体の別の部分はエーテル体に、別の部分はアストラル体に、別の部分は自我に組み込まれています。エーテル体自身は三つの部分に分かれています。その一部分はエーテル体自身に組み込まれ、別の部分はアストラル体に組み込まれ、別の部分は自我に組み込まれています。

しかし、今はエーテル体から離れて、肉体に留まって考察していきましょう。夜、私たちが眠りますと、肉体の中で肉体そのものに組み込まれている部分は、当然その生活を続けます。エーテル体に組み込まれている部分も、その生活を続けることができます。なぜなら、エーテル体は肉体のもとにいるのですから。

しかし、アストラル体に組み込まれている肉体部分の場合、夜はどうなっているでしょうか。アストラル体は夜、外に出ています。では、アストラル体が外に出ようとする夜の場合のアストラル体に組み込まれている肉体部分は、そして自我に組み込まれている肉体部分は、どうなのでしょうか。

この二つの部分、それを私たちは、「アストラル的肉体」「自我的肉体」と呼ぼうと思います。この二つの部分は、夜、自分をそのように組織してくれている自我とアストラル体から離れて

いるのです。私たちは自我とアストラル体と共に、肉体とエーテル体から出て行きます。そして本来、生まれてから死ぬまでの間は、夜、睡眠中、自分の組み込まれているアストラル体と自我による働きかけを受けることなく、ベッド上に残っているのです。この残された部分は、眠っているとき、外に出ていった自我とアストラル体とは別の関わり方をしているのです。

皆さん、このことは見てとることができますね。覚醒時においては、アストラル体と自我に浸透され、熱く燃えています。一方、睡眠時においては、そうではありません。こんにちの人は、それがどうなっているのか、問おうとはしません。なぜなら、前に言いましたように、すべてが混然一体となって、体的本性の一つひとつをはっきりと区別できなくなっているからです。

「アストラル的＝物質的」と呼ぶことのできる人間の肉体部分は、睡眠中、水銀の作用力、水銀を流動体にしている作用力と非常によく似た作用力を働かせているのです。一方、自我に割り当てられている肉体の力は、睡眠中、塩のような作用力を働かせています。ですから本来、人間は睡眠中、塩と水銀の働きに浸透されているのです。

こういう事柄は、一四世紀以前には、錬金術師によってまだ知られていましたが、その後、錬金術が分立するようになり、こんにち読むことのできる書物も出版されるようになりました。もちろん塩、水銀、硫黄について語るヤーコプ・ベーメ［一五七五〜一六二四］の中にも、この

認識の影響が残っています。

ここには人間本性の秘密が提示されています。その秘密は、次のように言い換えることができます。――眠っているとき、私たちは水銀化し、塩化した身体を、上から見下ろしている、と。

身体が水銀化するということは、このあとの講義の中で多分お話しすることになる、非常に重要な諸結果を伴っています。身体が塩化するということは、毎朝起床するとき自分で自覚することができると思います。

それはどういうことでしょうか。塩化したもの、つまり鉱物化したものと水銀化したもの、つまり生命化されたものの中に目が覚めるとき、自我とアストラル体が霊界から戻って入ってきます。睡眠中は別々だったものが結びつきます。それによって霊界で身につけたものが人間の中に持ち込まれます。水銀化され、塩化された状態に自我とアストラル体が入ってきて、霊界で体験したものを浸透させます。それによって土星紀以来進化してきた肉体という道具がもっと豊かにされます。一方で、進化の長い過程を辿ってきた肉体には私たちの知的活動のための道具が用意されているのですが、それ以外に、今述べた経過を通して、霊界からの影響が入ってくるのです。ですから、こんにちの人間は、知性の道具に霊界から作用を及ぼすことができ、知性は現代において、これほど重要であることができるのです。

しかし、私たちが睡眠中に留まっている世界は、ひとつのはっきりした特徴をもっています。すなわち、道徳法則は何も持っていないのです。驚かれるかもしれませんが、私たちは眠ってから目覚めるまで、道徳法則を何も持っていない世界にいるのです。その世界は、いわば、まだ道徳的ではないのです。朝、目覚めると、私たちは知性の方向へ向けて肉体とエーテル体を取り込もうとする衝動を霊界から持ち込みます。しかし、この霊界からは、道徳性の方向へ向けて肉体とエーテル体を取り込む衝動が持てません。それはまったく不可能なのです。なぜなら、眠ってから目覚めるまでに私たちがいる世界には、道徳法則がないのですから。人間が物質界に生きなくても済むように神々が配慮して下さったら、もっとよかったろうに、と思っている人たちは、間違っているのです。なぜなら、もしもそうなったら、人間は決して道徳的になれなかったでしょうから。人間はこの地上での人生によって初めて道徳を身につけるのです。この世でのみ、道徳的になれるのです。私たちは霊界から肉体の中に叡智は持ち込めても、道徳は持ち込めないのです。

なぜ人間が道徳に関してこんなに劣っているのかを明らかにするためには、このことを知ることが非常に大切です。神々は人間の知性のためには、非常に配慮してくれました。神々は土星紀、太陽紀、月紀、地球紀の道具を通して叡智を人間に与えてくれただけでなく、人間が睡眠中入っていく世界において、人間に叡智を浸透させることによって、旅の経費まで出してく

れているのです。睡眠中に道徳世界と結びついているときとよく似た状態は、もっとずっと後の、金星紀の後半期になって体験することになるでしょう。しかし、私たちの社会生活はすでに道徳性に浸透されているのです。このことを知ることがどれほど無限に大きな意味をもっているか、以上の事実が私たちに語ってくれています。

ところが現代人は、こういう事柄に近づこうとはしません。すでに言いましたように、こういう謎を時折感じとっても、その深い理由を追求しようとはしないのです。なぜなら、そうするのは、しんどいことだからです。現代人は今眼の前にいる人だけと向き合おうとしています。そして、人間という存在が空間と時間を超えた宇宙の諸世界に通じる諸関連を自分の中に含んでいることを考えようとはしません。けれども、そのような関連を顧慮することなしに、日常の人間存在の本質を知ることはできないのです。

睡眠は知性にとって、それどころか天才にとって、有効な働きをします。このことは非常に重要な事実です。天才もまた、自分の水銀成分と塩分とを浸透させる働きを睡眠から得ています。天才であるためには、このことがなくてはならないのです。けれども道徳を身につけるためには、この地上の世界で少しずつ道徳に関わる事柄を経験していくほかはありません。

地上を生きる人間にとっての道徳生活の中心は、キリスト衝動です。ですから、これまでいろいろな観点から申し上げてきたように、まさにこの地上においてキリスト衝動に出会うとい

うことこそが生きるうえで特別重要なのですが、このことはできるだけさまざまな観点から理解されなければなりません。特に私たちにとって大切なのは、誰かが本能的に叡智の力を身につけ、つまり睡眠中に叡智の力を受けとり、そして複雑きわまりない機械を発明して、科学技術の進歩に寄与したとしても、このことは道徳とはなんの関わりもない、ということです。なぜなら、道徳は、もともとまったく別の領域に属しているのですから。

こんにちの人びとはこのことを考えるのを好みませんけれども、今世界が陥っている混沌から脱出するためには、よく分かっていなければならないことなのです。こういう真実には、真剣に、真剣に向き合わなければなりません。地上生活の中にこういう真実を根づかせることなしには、人類の進歩など考えられないのです。神々は人間を自動制御機械にしようとしたのではありません。どうすれば進歩できるのかを認識できるような自由な存在にしようとしたのです。

なぜ神々は助けてくれないのか、という非難の言葉を発しても意味がありません。霊的認識のために、まず何かが為されなければならないのです。そのためのなんらかの発端がうまくいかなかったのなら、そこから間違った結論を引き出すのではなく、あとから来る人たちがこういう霊的な発端に見合った意味で、さらに働いていけるようにしようと努めるのでなければなりません。

私はこれまで何度もそういう発端のひとつを取り上げました。それは始められていたのに、十分に普及することがなかった運動です。私は雑誌『帝国』に『クリスティアン・ローゼンクロイツの化学の結婚　一四五九年』についての論文の第一部——続きはあとで出る予定です——で、そのことを論じました。『クリスティアン・ローゼンクロイツの化学の結婚　一四五九年』は一七世紀のはじめに書かれました。一六〇三年にはすでに人びとの手に渡り、一六一六年に出版されました。著者はヨハン・ヴァレンティン・アンドレエ［一五八六〜一六五四］です。この著者には別の著書もあります。いわゆる『友愛団の名声』と『ばら十字の告白』です。非常に人びとの注目を集め、その内容についていろいろな適切・不適切な、たいていは不適切な見解が表明されました。

これらの著述について、今日申し上げたいのは、それらが一見したところ風刺文学であるような印象を与えていますが、ひとつの大きな衝動をもって書かれている、ということです。すなわち、自然認識を霊的な仕方で深めようとする衝動です。自然を霊的に認識しようという衝動です。この衝動は、自然法則をより深く把握することで、社会生活上の諸法則、人間の共同生活の諸法則をも発見する地点にまで達しているのです。

しかしこの分野においては、幻想と現実とを区別するのが特別困難です。私たちが行動の原因にしようとしている動機は、しばしば本当の動機ではありません。動機のことで人びとが苦

しんでいるとしても、その動機は、何度も述べたように、本当の動機ではないのです。内なる人間は、たいていの場合、社会生活をいとなむときの外なる人間とはまったく別の人間です。自分でそう思っている自分とは、まったく別な人間なのです。あれこれのことをするとき、人はあれこれの動機によってそうしている、と信じています。ある人は無私の気持ちでそうしていると思っています。しかし実際の動機は、この上なく強い自己愛だったりするのです。しかし、その人はそんなことにまったく気づいていません。なぜなら自分自身について、自分の社会的な関連について、幻想の中で生きているのですから。人間関係をもっと深く洞察するのでなければ、この分野においても、真実を知るようにはならないでしょう。

ヨハン・ヴァレンティン・アンドレエもこういう関連を深く洞察することのできる人でした。彼にとっても大切なのは、幻想を超えて、真実を洞察することでした。しかしもちろん彼は、こんにちの教育家たちのように、世の中を良くしようとして、やたらと長広舌をふるえばいい、と思っているような俗物ではありません。彼は自然の中に霊を見出すためには、まず自然の諸関連を洞察しなければならない、それが洞察できれば、霊的存在との関連を辿ることのできる糸をも見出せるし、どんな本当の社会法則が必要なのかも知ることができる、と理解していました。社会的関連についてこんにちの意味での自然科学的な思考を働かせていると、自然も社会生活も表面的な捉え方しかできず、正しい洞察には到らないのです。

ヨハン・ヴァレンティン・アンドレエは、自然も社会生活も深く掘り下げて考察しようとしました。そうでなければ、自然と社会生活とが結びつくことができないからです。どうぞ幻想と現実の間の境界を次のように考えてみて下さい。――一方には自然のためののぞき穴が、他方には社会生活のためののぞき穴があるのです。その両方の穴の奥を深く洞察するとき初めて、この二つが過去へさかのぼって、互いに出会うのです。

けれども、人間はそこまでは行きつけないのです。若干の自然法則を表面的に観察することに留まっており、そして自分の感情から、自分の表面的な態度から、社会生活についてありとあらゆることを語るのです。だからヨハン・ヴァレンティン・アンドレエが努めたような関連の認識者にはなれないのです。せいぜい、あえてこう言わせていただくなら、ひとりのウッドロー・ウィルソンになるだけです。ものごとを無関連のままに考察するのです。

ヨハン・ヴァレンティン・アンドレエは関連を求めました。彼の『友愛団の名声』や『ばら十字の告白』のような著作の中には、そういう追求が息づいています。これらの著作は、同時代の国家の指導者や為政者にあてたメッセージだったのです。幻想ではなく、真実に従った社会秩序を築こうとする試みだったのです。一六一四年に『友愛団の名声』が、そして一六一五年に『ばら十字の告白』が出ました。そして一六一六年には、すでに一六〇三年に書き下されていた『クリスティアン・ローゼンクロイツの化学の結婚』が出ました。けれども一六一八年にな

ると、三〇年戦争が勃発して、『友愛団の名声』と『告白』が求めていたもっとも高貴なものを一掃してしまったのです。

私たちが生きている時代においては、一年間が破壊力の点で当時の一〇年間よりもはるかに大きな意味をもっています。ですから戦争が三年経過した今、当時の規模においてはすでに三〇年分の戦争をじかに経験させられているのです。

皆さん、このことをひとつの思想として受けとるように試みて下さい。そうすればこの思想が皆さんを、一七世紀において似た仕方で現れながら、三〇年戦争の諸事件によって中断させられてしまった意志と営為の中に導き入れてくれるでしょう。すでに申し上げたように、こういう事柄が発端として存在したのですから、あとになって私たちは妨げられることなく、むしろますます力強く行動することができるのです。けれども、私たちの試みをふたたび失敗に終らせないためには、人生の真実を本当に深く知ることが不可欠なのです。

さて、私はここでこの考察を、去年と今年の初めに取り上げた考察と結びつけようと思います。私は皆さんに人類全体の進化、人間生活全体のひとつの注目すべき経過のことを申し上げてきました。すなわち、個人は一年一年歳をとって、五〇歳になり、六〇歳になっていきますが、人類全体の場合は逆だ、と申し上げました。

人類ははじめ年をとっており、それからますます若くなっていくのです。今はこの考察をア

トランティス期の生活と後アトランティス期の生活の境まで、アトランティス大陸の消滅まで遡っていけばいいと思いますが、時代を遡っていくと、古インド期にまで到ります。その頃の外的な生活状況は、今とはまったく違ったものでした。全体としての人類は、五〇歳を越えてまで成長を続けることができました。こんにちの私たちは、もっぱら子ども時代に、特定の青春期に到るまで成長していくことができます。その際、身体の成長と魂的＝霊的な成長とは互いに関連しています。子どものときの私たちは若者にまで成長します。そのときの身体の成長は、魂的＝霊的な成長と並行しています。しかし、それからこの成長過程は終わります。

ところが、古インド期の人間の魂的＝霊的な成長は、五〇歳代になるまで身体の成長に依存し続けていました。おとなも子どもと同じように心身ともにずっと成長していきました。そして、老年になってその成長がやんだのです。ですからその当時は、老人に対するあの無条件の畏敬をこめた尊敬のまなざしがあったのです。

次いで古ペルシア期になりました。その頃の人間は、もはやそれほど高齢まで成長力は続かず、四〇代から五〇代始めまで心身ともに成長を続けました。次にエジプト＝カルデア期には、四〇代まで成長しました。次いでギリシア＝ラテン期になると、人びとは三五歳まで成長を続けました。それから三三歳で成長が止まる時代が来ました。ご承知のように、ギリシア＝ラテン期は紀元前八世紀に始まります。三三歳で成長が止まる時代とは、ゴルゴタの秘儀の生じた

時代です。人類は自分の年齢において、ゴルゴタの秘儀を通っていったときのキリストの年齢と出会ったのです。

しかし、その後も人類はますます若くなっていきました。一五世紀という第五後アトランティス期の始まりの人類は、二八歳までしか成長力がなく、その後は立ち止まっていましたが、こんにちの私たちの場合、すでにそれを超えて、自然に身を委ねている限り、二七歳で成長は終わりなのです。太古の人間は高齢に達するまでおのずから生じる成長を遂げることができましたが、こんにちの人間は、身体と結びついておのずから生じる成長を二七歳で閉じなければなりません。その後の成長は、内なる魂の衝動を霊的に受けとり、内部からさらに先へ進んでいくのでなければならないのです。

魂がみずから内的に成長しようとしない人、霊的なものを受容することのない人は、こんにち二七歳に留まり続けます。一〇〇歳になったとしてもです。言い換えれば、そういう人は二七歳のときの性質を担い続けるのです。

そして、こんにち人びとは、内的・霊的な衝動を求めようとしていないのですから、私たちは二七歳の文化、二七歳の社会生活をいとなんでいるのです。外的な社会生活において、私たちは二七歳を超えて成長してはいません。二七歳が人類を支配しているのです。時代がさらに進むと、成長年齢は二六歳、二五歳、二四歳に下がってしまうでしょう。第六後アトランティ

ス期になると、二一歳まで、もっと後には一四歳にまで下がってしまうでしょう。

このことをよく心に留めておかなければなりません。ただこのことに悲観する必要はありません。大切なのはこのことが私たちの中に、霊的な生活に向おうとする衝動を生み出す、ということなのです。私たちは自然がもはや与えてくれないものを、内から求めるのでなければなりません。

観点を変えれば、このことは、文化生活において霊的衝動がいかに必要かを示しています。現代を代表する人たち、現代の指導的立場の人たちは、二七歳以上にまで成長していない人たちなのです。この人たちは先頭に立って人びとを導いています。一体全体、その際、どんな方向に向って先頭に立っているのでしょうか。

こんにち誰かが元気に生まれ、そしてあまり伝統から学ぶことがなく、まさに自然のままに、外からの影響をあまり受けずに育ったとしますと、現在の成長過程をそのまま自分の中に担っているでしょう。多くの人の場合、このことが人格を色づけ、魂にニュアンスを与えています。

しかし今、特徴的な人物を例にとりあげてみましょう。現代の特徴を体現している人です。たぶん伝統に根ざした教育をあまり受けてこなくて、生活状況から働きかけてくるものだけを自分に作用させてきたような人物です。そういう人物が成長し、現代人にふさわしく心身ともに活発になって、七歳、一四歳、二一歳まで元気で活動してきたとします。二一歳のときには、

非常に元気で力強い人物になっているでしょう。しかし、そういう人物が霊的に成長することなく、現代を代表する人物のひとりになったとしますと、その人物は二七歳で立ち止まってしまうのです。その人が現代を代表する人物であったとしても、次のようなことが生じないわけにはいかないのです。――その人物は二七歳のとき、人生の大きな岐路に立ちます。二七歳で経験した状況は、この人をそれ以上先へ進ませないのです。なぜなら、直接社会に関与するようになったからです。

この人は自力で人生を闘い抜き、時代の求めるさまざまに可能な衝動に従って、ちょうど二七歳で代議士に選出されたのです。議員に選ばれ、自分に与えられた公職に没頭します。そして、もはやある種の事柄から足が抜けなくなります。そして、現代という時代の進歩に応じて、時代の進歩を代表するひとりになるのです。議会という時代の理想に従って、未来のあるべき方向へ向かおうとするすべてを拒否して、もっぱら外的な状況だけに適応しつつ、ひとことで言えば、二七歳に留まり続ける人になってしまうのです。ですからこういう人は、二七歳のとき、時代の衝動を体現する力強い人物として議会で活躍することでしょう。しばらくしたら、大臣に選ばれるかもしれません。こうして時代の指導者になっていきます。しかしその人は、現在だけの人になり、まさに二七歳の人になるのです。

実際にそのような人物がいます。伝統ではなく、時代状況が求めるものだけを受けとり、そ

れによって強力な人物となった人です。その人は二七歳までの人生で経験できる酸いも甘いも味わいつくして、二七歳で国会議員に選ばれました。国会では反対派の一員としてうるさがられ、それから急速に力をつけて、現代における一種の中心人物になりました。それはロイド・ジョージ*のことです。

現代という時代にとって、ロイド・ジョージ以上に特徴的な人物はいません。この自信家がちょうどあと一週間で二七歳になるとき、議員に選出されて、一生の仕事に就きました。そして、それからの一生を現代の生活のために代表として働きました。本来であれば、その代わりに、二七歳において霊的な衝動が現れて来なければならなかったのですけれども。

このように私たちは、人生を内的に洞察できるときには、他の人たちが眠り込んで見ようとしない諸事実、現代にとってもっとも必要とされる諸事実に眼を向けなければなりません。関

＊ロイド・ジョージ［一八六三―一九四五］　英国の政治家。二七歳で自由党下院議員。ボーア戦争に反対して名をあげ、商務院総裁を経て、一九〇八年、アスキス内閣の蔵相となり、社会保障に力を注ぐため富者に対する課税増大を盛った画期的な予算を強行。第一次大戦中は軍需相、陸相を務め、一九一六年―一九二二年首相となり、強力な戦時体制を樹立して勝利に貢献、パリ講和会議の全権ともなった。労働党の進出と自由党の衰退により晩年は政界で孤立。一九四五年、伯爵。［『マイペディア』より］

連を知る人にとって、自力で人生を戦いとった人がまさに二七歳で議会で活躍するようになったことは、とても特徴的なことのように思えます。

私たちはこういう事実に注目して、こういう事実から人生の深い諸関連を学ばなければなりません。けれども、あまり楽な学習ではないので、人びとはこういう関連の傍らを通り過ぎていこうとします。楽ではないというのは、私たちは認識へ向って努力するよりも、外界の中で作り上げる情熱、情緒を本能的に生かすことのほうを好んでいるからです。こういう情緒を通して世界を生きることを望んでおり、自分自身の中から世界を生きようとはしていないのです。

※『われわれの生きる悪の時代の霊的背景』の第三講（一〇月一日）、第四講（一〇月六日）、第五講［一〇月七日］は、『シュタイナー 悪について』に収録されています。

魂の内面化のための教育

（『ミカエルと龍の戦い』から第３講）

ドルナハにて

1917年10月21日

Das Sturz der Geister der Finsternis

今回の考察において私が目ざしているのは、現在ならびに近未来に生きる人間が特別の文化期を生きていること、つまり人生のさまざまな分野に深く関与するように求められていること、そのことをできるだけ多くの側面から明らかにすることです。

これまで超感覚的な働きでありながら、だからこそまさに私たちの時代に有効に働いている出来事、霊的な生活の深みに現れている出来事を通して、人びとのすべての生活、すべての文化、すべての社会関係の中に何がますます介入しようとしているのかを、理解していただこうと試みてきました。そして人間の魂に一定の内面化が生じていることに眼を向けました。

今は特に人間の魂の本性の内面化が生じている時代なのですが、だからこそ、それと並行して知的分野で、外的な科学の分野でさまざまに外面化が生じていることも忘れてはなりません。

現実の中では、進歩発展が一面的に生じることは決してありません。近代自然科学における進化論は好んで考察を一面的に行っています。そういう考察が正しくないとは申しませんが、いくら正しくても一面的になされた考察は、すぐに間違っていることが分かるような考察よりも、もっと大きな混乱を呼び起こすことがよくあるのです。科学的な進化論は、不完全な存在

から人間存在に到るまでの直線的な進化を問題にしますけれども、人間の進化も人間以外の世界の進化も、常に、外的な流れに内的な流れが対応しているのです。

ですから、こう言えるのです。――外的に或る流れが存在しているときには、この外的な流れと並行して、内的な流れも存在している。

今、外的と言いましたのは、より物質的もしくは唯物主義的な流れです。そこにより霊的な流れが表面に現れて来ると、物質的もしくは唯物主義的な流れは、人間本性の隠された深みの中で働くようになります。そうするとさらに逆転が生じ、より霊的な方向が内面に入り、そして表面には物質的もしくは唯物主義的な流れが現れて来ます。

ですから、外的な生活（赤い流れ）が物質生活をいとなんでいる間、人間の魂の内部では、霊化の過程（青い流れ）が生じているのです。多分そのとき、人びとはこの霊化過程のことをまったく意識していないのですが、しかしこの過程は生じているのです。

もし皆さんがこのことに注意して下さるなら、未来のために非常に重要な二つの事柄が正しく考察できるようになります。

［図1］

一八七九年からアーリマンの勢力が霊界から人間進化の領界へ、人間の霊的、魂的な進化の領界へ降りてきました。この勢力は今でも私たちの間で作用し続けています。そして私たちの頭部、思考と感情の領分を支配しようとしています。すでにお話ししたように、この勢力は天使の位階の存在たちで、霊界ではもはや進化することができず、自分たちの進化をこれからも続けていけるように、人間の頭部を利用しようとしているのです。

今私たちにとって特別重要なのは、この隠された、オカルト上の魂の進化、多分あまり人の意識したがらないこの魂の進化にはっきりと眼を向けることです。なぜなら、この魂の進化に私たちが眼を向けないなら、人間のこの内面化を今問題にしているアーリマンの勢力が支配してしまうでしょうから。

このことが皆さんに知っていただきたい第一です。私たちは、未来の文化発展の危険性をよく知っていなければなりません。そして私たちのもっとも聖なる、内的、人間的なるものを、アーリマン勢力の影響から守ることができなければなりません。

これからの時代においては、教育が特別重要な問題になるでしょう。人間の魂の内面化にとって、子ども時代と思春期ほど重要な時はありません。このことは特にこれからの時代にあてはまります。多分こんにち、まだ信じられないでしょうが、すでにずっと以前から、ひとつの時代が始まっているのです。その時代の子どもや若者たちは、その外見とは異なる本性をもっ

ています。つまりこの赤い流れと並んで、この青い流れ、隠された内面の流れがあるのですが、私たちはこの隠された内面にしっかりと眼を向けなければなりません。教師は、子どもをアーリマン勢力に引き渡したくないのなら、このことから眼をそらしてはなりません。多くの点で次の時代の教育、授業は、こんにちの教育、授業とまったく違っていなければならないでしょう。それでは、一体、私たちの現在の教育、授業の在り方、その原則は、何に由来するものなのでしょうか。

一定の事柄は、いつでも宇宙秩序からずれています。一八世紀には、啓蒙思潮なるものが一世を風靡しました。一八世紀には一種の理性宗教さえも創始されようとしました。バーゼルでの連続講義で述べたように、単なる人間的な思索の中のもっとも空虚なものだけに従った宗教です。子どもに対する教育の仕方がまったくこの理性の流れから組み立てられたので、子どもがすぐに理解できる事柄だけを取り上げ、理解できることよりももっと深い事柄は一切教えようとしていません。

私たちが理解しなければならないのは、そういう教育では人間の一生のためにもっとも役に立たないやり方になる、ということです。それによって人生を極端に悪い方向に向かわせてしまうのです。考えてみて下さい。子どもの理解力の及ぶ範囲のことだけを子どもに教えようとするなら、子どもの将来の人生の旅のために何も養分を与えないことになるのです。なぜなら、

将来その子どもはもっと深い理解力を身につけなければならないのですから。子どものときに子どもの理解の及ぶ範囲内のことだけしか教えないなら、子どもは一生その範囲内のことしか理解が及びません。それでもそれなりの成果は得られるでしょう。しかし非常に賢く、世の中のことがよく分かっているように見える文化人の大部分の思考は、子どものときの頭のままでいることの結果だとさえ言えるのです。

昨今のジャーナリズムの大部分が子どもっぽい思考を働かせているなどとは、もちろん誰も思っていません。けれども、そうなのです。そしてそのことは、子どもの教育が子どもの理解力だけに向けられていることと無縁ではないのです。本質の部分はそのことと関連しているのです。この子どもらしい理解力が一生を通じてそのまま残っているのです。

子どもの中には神秘的に内面化されたものが働いている、という思いが教育者の魂を充たしているのなら、そしてそういう思いの下に、すでに子どもの時代に理解できるものだけでなく、あとになって思わず、「これは子どものとき、先生から聞いたことがある、今やっとその内容が理解できたような気がする」と言えるようなものをいろいろ子どもの心に伝えようとするなら、事情はまったく違ってくるでしょう。

人びとが子ども時代に学んだことを思い出して、あらためてその学んだことの意味が分かってくるとき、まさにそのことによって、人生を健康に、ゆたかにすることができるのです。

子どものときにはまだ理解できなかった事柄を、思い出の中から取り出すことのできる人にとって、この思い出が健全な内面生活の源泉になってくれるでしょう。そういう人はこんにち人びとの心をとらえて、心をむなしい思いに充たしてしまう不毛な心境から守られるでしょう。こんにち、多くの人びとの心は、サナトリウムに入って、そこであらためて外から何かを教育のせいで不毛にさせられた内面の中に受けとるのです。あとになって思い出すことのできるような何かを魂の中にあらためて受けとるのです。

以上の考察は、ひとつの別の考察と結びつける必要があります。私たちの現代は、人間と宇宙との間にひとつの深い関連があるということをまったく忘れてしまいました。こんにちの人びとは、自分がひとつの肉体をまとって地上を歩いたり、鉄道で地上を通過している、と信じています。もちろん、いつもそうだと言っているのではありませんが、こんにちの人びとの考えていることの中味は、それとあまり変わりはないのです。

しかし、そんなことはないのです。人間は全宇宙と深く結びついているのです。どうぞ一度このことをよく考えてみて下さい。

地球のことを考えてみて下さい。地球の周りを月が取り巻いています。これが月の軌道です(外側の円)。地球は私たちの現在の鉱物学、地質学、物理学が想像しているような、抽象化された鉱物体ではありません。非常に生命に充ちた存在なのです。地球の中には多くの生命形態

が観察できるはずなのです。そこで、地球を取り巻いて絶えずさまざまな流れがあるのを観察したいと思います。これらの流れは地球の周りでありとあらゆる方向へ向っています。それはエーテル的＝霊的な流れですが、みずからの中に現実の、実体をもった作用力をもっています。これらの流れの中には、絶えず何かが含まれているのです。

それでは一体、これらの流れはどこから生じたのでしょうか。それについてはこれから時間をかけてくわしく考察するつもりですが、今日はただ若干の予備的な考察にとどめておこうと思います。

『神秘学概論』を読んで下さると分かりますように、非常に古い時代、地球は太陽と共にひとつの天体でした。こんにちの私たちの地球は太陽から分離したのです。いま図に示したさまざまな流れは、この太陽紀の働きから取り残されて存在しているのです。現在の地球の中でまだ太陽紀の働きをしています。ですから地球はまだ、太陽紀の働きに浸透されているのです。

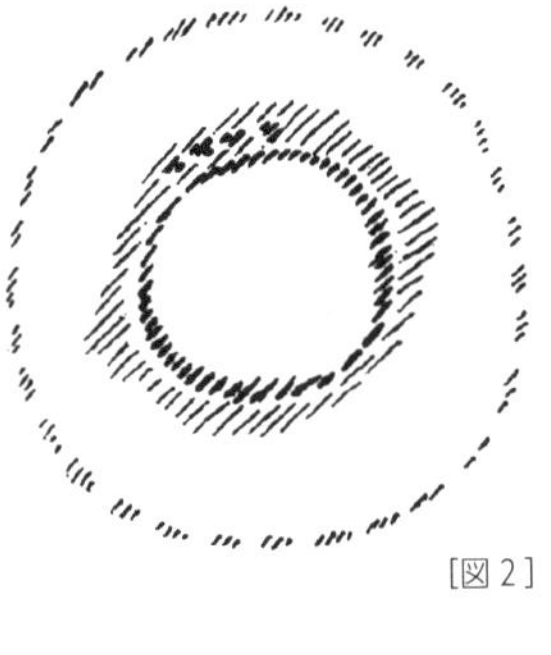
［図2］

しかし月もまた、地球とひとつの天体でした。そして現在、地球の周りを取り巻いている月のさまざまな流れも地球の中に働いています。それは太陽紀よりももっとあとの月紀に由来する流れです。

ですからこれらの二種類の流れを、太陽紀の流れ、月紀の流れと呼ぼうと思います。これらは二つの、それぞれまったく異なる流れですが、それぞれが生きた現実です。

一定の仕方で地球をさまよい生きている何ものかがこういう流れに浸透されていた、と考えてみて下さい。太陽紀の流れはこの存在に容易に浸透することができます。しかし別の何ものかは、別の仕方で形作られていたとします。その存在は、太陽紀の流れに一方の側から浸透されますが、別の側からは月紀の流れに浸透されるように形作られていたとします。太陽紀の流れは本来、一定の土地に限られていませんから、あらゆるものの中に浸透し、すべてのものを一定の方向へ向けて貫通します。ですから、地上には一定の方向へ向けて太陽紀の流れだけに浸透される存在がいるのです。しかし、一定の方向へ向けて太陽紀の流れに浸透されるだけでなく、別の方向へ向けて月紀の流れにも浸透される存在もいるのです。

太陽紀の流れだけに浸透されているのは、動物たちです。

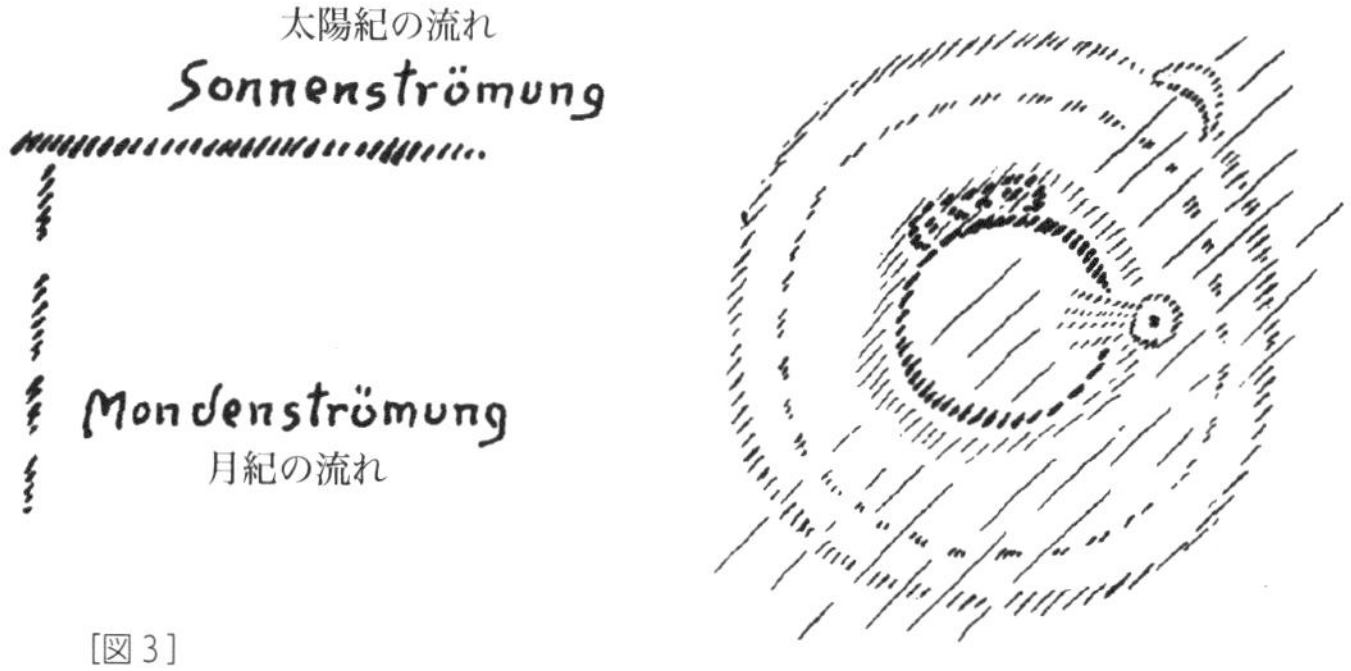

[図3]

四足獣は、その背骨が地表と本質的に平行しています。今は地球紀の流れは、この背骨を通って流れます。ですから、そういう動物は地球と親和しているのです。

人間の場合は違います。人体の動物と同じ状態は、頭部だけです。後頭部から額の部分への線は、動物の背骨と同じ方向を示しています。同じ太陽紀の流れが人間の頭部を貫いているのです。

これに反して、人間の背骨は、地表と平行している地球・太陽紀の流れから引き離されています。引き離されていることによって——このことはもちろん非常に地理上のひろがりなどによって左右されますが——、月紀の流れが人間を貫いて流れるようになったのです。しかし、この流れは頭部ではなく、背骨を貫いて流れるのです。

これは動物と人間との決定的な相違です。動物の場合、宇宙から背骨を貫いていくものが、人間の場合、頭部を貫いています。こんにちの動物の場合は、まったく接点をもっていない月紀の流れが、人間の背骨を貫いているのです。人間の背骨の構造と月紀の流れとの間に親和性がある、ということから、人間はほぼ——なぜほぼなのかは、あとであらためてお話しするつもりですが——、ひと月の日数と同じ数の椎骨《ついこつ》 (Rückenwirbel) を、二八から三一までの数の椎骨をもっていることが分かってきます。脊髄全体のいとなみ、そもそも人間の胸部全体のいとなみは、月のいとなみと密接に関連しているのです。そして睡眠と覚醒を繰り返す太陽のい

となみ、二四時間のいとなみの下には、リズミカルな月のいとなみが、人間のために隠されて存在しているのです。

以上は、人間と大宇宙との間の関連のひとつの基本的な考察です。というのは、人間の背骨を貫いて流れるさまざまな流れが月のいとなみに関わりのある流れの中で流れるのとまったく同じように、私たちの太陽系の諸惑星と関わりのある別のさまざまな流れも人間の中で流れているのですから。

以上のすべては、まったく現実的な事柄です。けれども、こんにちの自然科学的な世界観は、こういう事実にまったく関心を示していません。こういう関連を考察するようにはなっていません。ですからこの自然科学的世界観は、人間のひとつの本質的な事柄がまさに、外的、意識的な地上生活と識閾下の生活とがひとつに結びついていることにあると言っても、何も心を動かされずにいるのです。

この識閾下の生活は、胸部系の働きと関連しており、神秘的な魂の深層から現れてくるのですが、こんにちのような時代にこそ、特に顧慮されなければならないのです。特に教育において顧慮されなければなりません。なぜなら、まさに敵対的なアーリマン勢力がこの生活を支配しようとしているからです。

もしも人間がいま、次のことに気づかずにいるとしたら、大変なことになってしまうでしょ

う。すなわち、まさに内面化する青い霊化の流れ〔図1参照〕がアーリマン勢力の手に落ちる危険にあるということにです。外的な科学には隠されたままになっている事柄についても敢えて語ろうとする霊学認識によって、この危険を十分に意識し、その認識を深めることが、今真剣に求められているのです。

このことを具体的な状況として考察できなければなりません。外的な科学のことを考えてみましょう。一体、どういう道を進んでいるのでしょうか。あらゆる抽象化の方向へ向けて進んでいるのです。私たちは外的な生活のために、自然科学を必要としています。自然科学は私たちの文化の一部になっています。そしてその外的、自然科学的な文化が教育のために役立ってくれているのですが、近い将来、このことが大きなマイナス要因になるでしょう。現在、自然法則、抽象的な自然科学の法則を子どもに学ばせていることは、近い将来バカげたことになってしまうでしょう。これに反して、重要になるのは――若干の例をあげるだけですが――、動物の生活、それぞれの動物のそれぞれ特別な生活状況を愛情をこめて考察すること、蟻たちがどのように集団生活をいとなんでいるかを生きいきとイメージできるようにすること、などなどです。

アルフレート・エトムント・ブレーム〔一八二九～一八八四〕の『動物生活』のような書籍の中にこういうことについて参考になることがいろいろ出ています。しかし、それで完結してい

るわけではありません。私たちは動物生活の中で演じられるさまざまな象徴化された物語を自分で補充していかなければなりません。個々のかけがえのない動物の物語が取り上げられるのでなければなりません。動物学の基礎といったようなものを子どもたちの心に注ぎ込む、あのおぞましいやり方の代わりに、ライオンや狐や蟻やコガネムシの独特な行動について子どもたちに物語るのです。何を取り上げるかが問題なのではありません。大切なのは教育目標へ向って、よく考えぬかれているかどうかです。こんにち子どもたちに教えている自然科学の要約は、子どもたちが動物生活の中の個々の物語の中で育ったあとで初めて学ぶべきものなのです。

特に重要なのは、植物の生活についてもこのような仕方で学ぶことです。私たちが子どもたちと一緒に草原を散歩するとき、バラとすみれとの関係、灌木とそのまわりに生えている雑草との関係、花たちの上を飛び廻っている霊虫たちが何をしているのか、などなどのことをいろいろ物語ることができなければなりません。こういうことが植物を学ぶことなのです。地中に住む緑色の水晶と無色の水晶とがどういう関係にあるのか、サイコロ型の水晶と八面体の水晶とがどういう関係にあるのか、そういう話を子どもたちに語らなければなりません。すでにかなり幼いころから若者たちの心を荒廃させかねない抽象的な結晶学の代わりに、地中における結晶の生命の象徴学的な記述をしなければならないのです。

大地の内部でのいとなみを知ろうと思ったら、私たちの著作の中の地中についての記述をよ

く知らなければなりません。単なる知識の列挙に満足しないで、ダイヤモンドとサファイアの相互作用などについていろいろな話ができるように、イメージをゆたかにしておくことが大切なのです。よく考えてみて下されば、今申し上げたことを理解していただけると思います。

同様に、歴史の授業のときも、あのおぞましい抽象を子どもの心の中に注ぎ込む代わりに、生きいきした生活を人間の歴史的生成の中に見、歴史の中で人間の心情が体験したものを感じとれるようにするのです。実際にはこの世ではありえないような対話さえも作り出さなければなりません。例えば、古代ギリシア人と第五後アトランティス期の人間との対話を、です。

皆さん、その結果どうなるのでしょうか。その結果、子どもの心は本当に生きた内容に充たされます。そして、子どもの心の地下に流れているものを生きいきとさせることができるのです。子どもたちがおとなになって、世界（宇宙）法則に従って物語られた内容を思い出すことができたとき、心が干からびたり、神経過敏になったりすることはないでしょう。そうなれば、自然法則の研究に打ち込むこともできますし、子どものとき学んだ生きいきとした生命形態と自然法則との一致を知ることもできます。一方、子どものときから、抽象的な自然法則しか学べなかったら、精神は荒廃していきます。以上、教育が充実したものになりうるように、若干の考えを申し上げました。

もちろん、もっと楽なやり方をしようとするのでしたら、いろいろな集まりに参加して、

「教育には個性教育が大切だ」と繰り返すしかありません。けれどもすべては抽象的な表現に終始してしまいます。しかし大切なのは、教育に関わる人びとが、どうすれば人間も自然も、育っていけるかを知ることなのです。そうすれば具体的に、霊的な生命を次の時代に受けとるであろうような形式で理解できるようになるでしょう。

しかしそのためには、人生のあらゆる分野で霊学の刺激がなければなりません。霊学だけが現代精神生活の死にかかった形態からふたたび新しい何かを生み出すことができるでしょう。そういう新しいものが、私の述べたような仕方で、特に子どもの心の良い刺激になると思うのです。霊学の刺激なしでは、私たちは干からびた学校の教師になって、生徒たちをも干からびさせてしまうでしょう。一番よくないのは、おとなになって、自分の受けた学校の授業について、学んだすべてをできるだけ早く忘れてしまいたい、と思うようになることです。

おとなになって、子どものときに学んだことは何ひとつ忘れたくないと思えるなら、その思いは喜びであるだけでなく、人生のひとつの泉、本当のいのちの泉になるのです。どうぞこのことを憶えておいて下さい。

しかし学問（科学）そのものも、霊学からの刺激を必要としています。昨日述べたように、霊学と専門科学との間に橋を架けるのは、とてもむずかしいことですが、しかしまさにこのことは、未来のための最重要な課題のひとつなのです。これまでの考察からも明らかなように、

概念の貧困化、概念内容の貧困化こそが、こんにちのような状況を生じさせたのです。

バーゼルでの公開講演で申し上げたように、その後も何度か申し上げましたが、こんにち事情に通じていると信じている人たちは、戦争が始まったとき、四ヶ月以上続くことはありえない、と語っていました。その人たちは社会構造、経済構造を研究し、その上に立ってそのような発言をしたのです。しかし、その発言は現実に応じたものではありませんでした。現実そのものがこの発言を否定したのです。非常に注目すべきことに、人びとは出来事から学ぼうとはしなかったのです。誰かが自分の学問的な確信からそのような発言をしたなら、その人は今こう思わずにはいられないでしょう。――何という不十分な知識をもとにして、こんな結論を引き出してしまったのだろう！

その人はそこから何かを学ぼうとするはずだったのですが、未だに眠り続けているのです。そして、同じ不十分な知識をもとにして、別の結論を、少しばかり経験の強制に従わされた結論を引き出してみせているのです。でも内的な関連に眼を向けようとはしていません。もちろん人生の内的な関連に眼を向けようとすれば、あの不愉快な思いに打ち克たなければならなくなります。学問に従事している人にとって打ち克つことがもっとも苦手なあの不愉快な思いに、です。こういう人たちは自分の小さな専門分野の中にとじこもって、邪魔されたくないのです。ですから隣接する分野に関わろうとはしないのです。

この専門家根性はしばらくはとてもうまくいっていたのです。しかし、さらにそのままの状態を続けていくと、特に私たちの大学生たちにこの専門家根性で一面的な考え方を押しつけていくと、現実離れした概念を身につけることによる悲惨な状況にますます陥っていくでしょう。

町でも地方でも国でも、役人の考えていることは、現実を把握するにはあまりにも貧しいので、規則でまとめたり管理したりしようとしても、それだけの包容力のない人たちばかりが役所に坐っているのをいつも経験させられます。そういう人たちは、自分の考えが貧しすぎるなどとは夢にも思っていません。現実はそういう人の考えよりもはるかに豊かなのに、です。

今私たちに問われているのは、専門知識をできるだけ、いわゆる専門家にまかせて、その一方で人智学の中で主観的、自己中心的な欲求を満足させようとしているのではないか、ということです。大切なのはこの二つの極を正しく結び合わせて、一方も他方も互いに助け合うことができるようにすることなのです。

私たちは繰り返し経験させられるのですが——きっと皆さんも客観的に観察なされば分かってくださることですが——、誰かが人智学を大事にしている人たちの前で専門分野のことを語るとしますと、その語る内容はその人たちにとって本当に退屈なものになるのです。その人たちが聴こうとしているのは、いつでも中心問題だけなのです。魂、不死、神などなどです。もちろんその要求は、自己中心的な、宗教的な求めを満足させることができます。しかし、この

現実生活の中に身を置くという、特にこれからの時代にとって必要とされる事柄を人びとの魂に提供することにはなりません。ですから、霊学の考察に発する認識衝動と専門分野との本当の結びつきを求めるなら、私たちは意識して注意深くなければならないのです。

以前この場所で、私たちの友ボース博士の非常に重要な業績のことに触れたことがありました。労働契約についての仕事です。この論文は今どこでも入手できますので、もう一度ここで言及しておきたいのです。この書物、ローマン・ボース［一八八九〜一九五二］の『スイスの法律による包括的賃金契約』は、人智学と完全に専門分野である法の領域との間に模範的な仕方で橋を架けてくれています。

今大事なのは、私たちの友人たちがこういう専門研究を自分の分野の外のこととして済ませるのではなく、まさにこれからの未来にとって人生が人智学的な考察を受け容れなければならなくなるからこそ、こういう研究に取り組んでいるのだと知っていることなのです。

皆さんが注意深くこの本を読んで下さるなら、生きいきとした仕方で、日常の諸問題が論じられていることに気がつくでしょう。それだけでなく、この日常生活に対して、第一にこの上なく包括的な考察衝動が働きかけていること、その衝動がそもそも宇宙の諸法則に応じていること、さらにまた大きな歴史的展望までがこの日常生活を通して示されていることにも気がつくのです。皆さんはラテン的な契約精神とゲルマン的な団結精神、社会精神との違いを知るこ

とに限りなく充実感をお持ちになるでしょう。深く掘り下げた仕方で、社会の分野で、ラテン的人間性とゲルマン的人間性の関係が現れています。まさにローマン・ボースのこの本を読むことで、こういう社会的作業に接することで、この観点から霊学的に近い未来にとって重要な作業にまで登っていくことができるのです。つまり、日常の社会生活と霊界から流れてきて私たちの生活形態を霊化してくれる霊的生活との間に橋を架ける作業にまで、です。

また是非読んでいただきたいのは、『知と生』の最新号［一九一七年一〇月一五日発行］に載っているボース博士のエッセー「スイス人の政治の根本問題」です。ここではこの時代の政治の諸問題が日常のジャーナリズム（その大切な役割は十分にわきまえているつもりですが）、このジャーナリズムとは異なる観点から、論じられています。さまざまな文化形態、例えば、芸術形態と政治形態とが関連しているという意識が、見事な仕方で皆さんの心に呼び起こされるでしょう。

この「スイス人の政治の根本問題」における真剣な、本当に霊学的な考察を読んだあとで、この同じ号の巻頭論文、アドルフ・ケラー［一八七二〜一九六三］の「改革の意味」にも眼を通してみて下さい。そこには正しく古いスタイルで書かれた文章に出会えます。もちろん非常に新しいスタイルだと信じられてはいますが。実際、この号の中にはふさわしいモダンなものと時代おくれの古いものとが並んでいます。もちろんこの時代おくれの古いものは、自分が非常

に賢明であり、特別すぐれた論理と透徹した思考を身につけていると信じています。そのような観点から、改革の意味が、大げさな言葉で、とはいえ実体のない抽象的な言葉で論じられています。

論文「改革の意味」を通して読むと――この論文はすぐれた立場に立っていて、この分野では現代最上の仕事に属しているのですが――、いつも同一の抽象化の中でころころ音を立てながらころがり回っているのに接して疲れてしまいます。すなわち、こうなのです。改革は心情の中に自由なる決断を生じさせる。自由なる決断は改革に由来する。改革が実行されたとき、自由なる決断に生命が与えられる。

このようにして抽象的な思考の型通りに、ころころころげまわるのです。こういう抽象的な思考は、現実世界とは無縁の若干の貧困な概念の中で夢想しているだけなのです。私たちはこういうやり方を克服できなければなりません。こういう抽象的なやり方は、厳につつしまなければなりません。内容に乏しい思索生活、そこに留まっている人は、何か特別抽象的なことを言うと、何か特別優れたことを言ったような気になって、その快感のあまり指をきれいにしゃぶるのです。

最近もひとつの論文を入手しました。その論文は深遠な神智学上の問題を扱っていましたが、本来扱っているのは「何か」だけだったのです。「何か」についてだけ述べられていました。

「改善されない何か」と「改善された何か」について、そしていかに改善された何かが改善されない何かを理解し、その上に立っているか、についてです。こうして意識されない何か、改善された何かと改善されない何か、それがあちこちころがりまわるのです。そしてついに、霊的な領域に持ち込まれるのです。これは現代における抽象的な作業の独特なやり方です。この立場に立つ人はこういう抽象が大好きで、もともと現実が嫌いなのです。現実とは一切かかわり合いたくないのです。

もちろん、その結果は明らかです。人びとの持っている概念が貧しいので、その概念ではこの世の荒波を乗りこえていくことができません。人生を把握するのにそういう概念では十分ではありません。ですから人びとは、たとえばアドルフ・ケラーの論文の五一頁にあるような文章を好ましいと思うのです――「しかしこの体験の中には心情のこの上なく深い源泉が流れ出ているとしても、それは私たちの中の感情の高揚だけではない。そこには神的でないもの、人間的でないものまでが入りまじっている。良心がそういう状態の中で、差異と畏怖とを与えている。人間は人間のままであるべきであり、神は神のままであるべきである。神との関係が個人的な体験によって生み出されるという点で、改革も神秘主義も同じであるとしても、改革の体験は、神秘主義におけるように、感情が燃え滾《たぎ》るのを魂の奥底で体験するのではなく、良心の困窮と道徳的な高揚を体験する。内面性のもっとも強い力は「すべきである」であり、絶対

的な要求である。人間がこの要求を拒むことができるとすれば、それは神的な、内的に体験された助けがあったときだけである」。

何という抽象でしょう。ただころころさえずりながら、あちこちに移動しています。そして最後に来る言葉は、「これは福音であり、イエス・キリストである」なのです。

ですから、この人物はイエス・キリストの福音をイエス・キリストそのものと同一視するところまで、抽象化を進めていったのです。そうできたのは、途方もない抽象作用のおかげです。しかし次に、注目すべきことに、彼は神秘主義を排除したのです。彼の貧しい概念を駆使して、こう述べるのです――「改革は神秘主義とは無関係である。改革は健全な生活を用意する」。

まるで神秘主義は正当な体験でないかのようなのです。概念が貧しすぎると、現実を受け容れることができなくなるのです。そしてそういう概念ですと、正反対のことも同じだと言えてしまうのです。考えてみて下さい。彼は感情の沸騰を拒否しました。正しい改革派はそんなものを持っていてはいけないのです。なぜなら、もし感情が燃え、滾ったなら、神秘主義者になってしまうのですから。

アドルフ・ケラーはさらにこう続けます――「しかしこの助けは、外的に、歴史的にまたは秘蹟として現れるだけではない。こういう助けは、内なる個人的な習得によってのみ力あるものになることができる。この助けは外から働きかけてはこない。それは、感情と意志の働きで

内面化され、魂を熱く燃え立たせることができるときにのみ、働きかけてくるのである」。

ですから、改革は「燃え滾る」ことがあってはなりません。しかし同じ改革は、それが魂を燃え立たせるときにのみ、ですから魂が燃え滾るようになりえるときにのみ、魂の中で働くのです。

このように、この論文を終りまで読むと、いたるところで著者の貧しい精神に出会わされます。そこには現実の中に沈潜する余地がないのです。けれども、こういう論文がこんにち熱心に読まれています。そしてすばらしく精神的な内容をもっている、と思わされているのです。二行、三行と読み進めると、たちまち困惑させられます。なぜなら、まったく違う事柄が同じ概念で説明されているからです。概念が貧困だからです。

どうぞ、ローマン・ボースの「スイスの政治の根本問題」のどこかの一頁を読んでみて下さい。この論文をみなさんにお勧めするのは、政治生活と他の文化生活の側面との間をどうつなげるかを教えてくれるだけでなく、概念を流動化し、概念生活を豊かにするやり方やスイスの政治の未来像をも示してくれるからなのです。みなさんがこの論文と同じ号の巻頭論文のおそまつな語り口とを比較なされば、わずかな出費だけで、古いものと新しいものを直接並べて比較しつつ、この問題について非常に優れた学習をすることができます。

私は折にふれて、当面の話題をも取り上げなければなりません。なぜなら人智学は、至高の

高みで夢想にふけっているためにあるのではなく、本当に、今の時代の中に、現代の諸問題の中に導くことのできる考察を身につけるために存在すべきなのですから。

※『ミカエルと龍の戦い』の第一講（一〇月一四日）、第二講（一〇月二〇日）、第四講（一〇月二六日）、第六講（一〇月二八日）の前半は『シュタイナー 悪について』に、および第五講（一〇月二七日）は、『ゲーテ主義』に収録されています。

人智学書の読み方

(『宇宙叡智としての人智学』より第９講)

ドルナハにて

1921年10月14日

Anthroposophie als Kosmosophie

Zweiter Teil: Die Gestaltung des Menschen als Ergebnis komischer Wirkungen

これまでの考察の中で申しあげたのは、人間と宇宙との関係を見出すには、霊的、魂的、そして体的な関連の中にその関係を求めなければならない、ということでした。

人間の霊的本質を意識するためには、霊界そのものに眼を向けなければなりません。そして、ヒエラルキアの働き、天使、大天使、時代霊などのヒエラルキア相互の関係は、私たち人間の霊の中で演じられているのです。

これまでも述べてきたように、人間の魂の働きの中で、思考はエーテル体と肉体との中間でいとなまれ、感情はエーテル体とアストラル体との中間で、そして意志はアストラル体と自我との中間でいとなまれます。そして、これもすでに述べましたように、人間の「体」の真の姿は、未来の宇宙の萌芽なのです。人体はそのように受けとめられるべきものなのです。未来の宇宙存在となって現れるべきものの萌芽は、私たちの人体の中に見出せるのです。私たちの肉体は、地球紀の終った後の人間居住星の萌芽なのですが、このことは私たちのエーテル体にも、アストラル体にも、自我体にも言えることなのです。

さて、私たちは今、すでに長期にわたって、主知主義的な時代の中で生きています。人間は

周囲の世界を知性により、合理的な方法によって理解しています。私たちの文化も教養も、この外的な認識手段に基づいています。この生き方に比べれば、私たちの感情生活はにぶく、暗い夢のような在り方をしています。私たちが感情を理解していると思っていても、その理解でさえもがこんにちの科学の外的認識から提供されたものなのです。ですから、現代人は、学校に引き渡されたときから、通常の文明社会の内部にあって、外界の知的支配だけを魂の内なる生活として受けとってきたのです。しかし、外界の知的支配はどんな影響力をもっているのでしょうか。外界の知的支配は、私たちの魂の生活にどれほど深く働きかけているのでしょうか。

ここで、六歳で学校に引き渡される人のことを考えてみましょう。その人は上級のクラスに進み、さらに大学で社会の指導者となるためのさまざまな事柄を学びます。こうして現代にふさわしい教養と知識を身につけ、それによって魂の生活を形成します。そのような場合、その人はその人の自我に及ぶ事柄だけを身につけているのです。その場合の彼の自我は、本来の自己意識的な活動を持たない肉体、エーテル体、アストラル体によって映し出されたものだけを受けとっているのです。彼の自我は、思考内容を、記憶像を、感情を、意志の衝動を、このような反映として受けとっているのです。そして、それ以外のすべての体験は、弱められ、無力にされているのです。その人の魂の生活は、もっぱら自我の中でいとなまれます。そして情報はすべて、それが自我の

中へ入ってくる限りにおいてのみ受けとられるのです。

さて、そのような人が人智学の書物に向き合うと、どうなるでしょうか。ゴットフリート・ベン［一八八六〜一九五六］が雑誌『未来』に寄せたエッセー「エピローグ」で「自我」について書いているように、その自我は「近代文化によってはどこにも精神の力が認められえないような作りものに、無理やりにでも、引き下ろされて」しまっているのです。人智学を学ぶということは、こんにちの教養ある人びとがとんでもなく空想的だと見なすであろうような諸理念を、魂の中に受けとるということです。こんにちの教養ある人びとの自我文化では手におえないような諸理念を、です。土星紀、太陽紀、月紀の進化や、人間の霊的、魂的、体的な本性は、地上的自我の力では理解できません。

一体、こんにちの哲学者に対して、人間の精神が高次のヒエラルキアとの関連を認めない限り理解できないようなことを認めろ、と要求できるでしょうか。人間の思考、感情、意志は、肉体、エーテル体、アストラル体、自我の中間を見なければ分からない、などと説くことができるでしょうか。まして、すでに空想の産物と思われているエーテル体、アストラル体、自我体等の体的諸本性が、宇宙の未来の萌芽である、などと言えるでしょうか。

それにもかかわらず、そのようなグロテスクな諸理念を自分の魂の生活の中に受け容れるには、見霊者である必要などないのです。ただそれを受け容れるためには、それを自我において

だけではなく、アストラル体において受け容れるのでなければなりません。こんにちの人が自我の中で、アストラル体からの反映として受けとる思想の影は、アストラル体の積極的な働きを求めてはいません。それはすでに、自我文化の内容となっているからです。このことを図に表してみましょう。

アストラル体がここ（赤）にあるとします。そして、ここ（緑）が自我の領域です。近代人の体験はすべてこの自我のところにあり、その思考内容は、アストラル体が自我の中へ送り込んだもの（黄）にほかなりません。その思考内容を受け容れるには、特別の集中力は必要ありません。地球紀のこれまでの過程で得た自我を働かせさえすればよいのです。顕微鏡を発明し、そこに標本を置き、次々に標本を変えながら、特定の思考の影絵を作り出せばいいのです。宇宙を内的に共体験しようとする要求に対しても、まったく受動的な態度に終始しています。その場合にももちろん、内的な作業を通して直観に到るのですが、その作業はゲーテの意味においてではないのです。

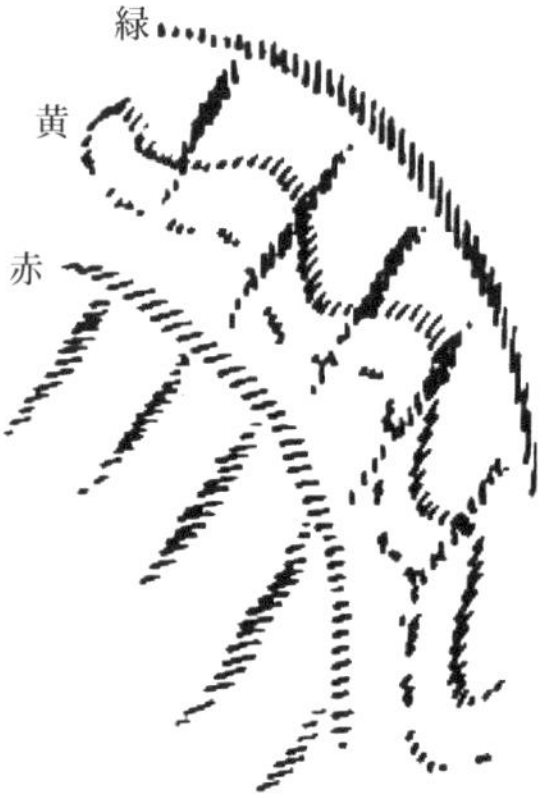

［図４］

ある神学者が私に語ったことがあります。もし私

が彼に『アカシャ年代記』を図版入りの豪華本にして送ってくれたら、読んでみよう、と彼は言うのです。しかしこの神学者が図版入りの豪華本を送られるのではないかと恐れる必要はないでしょう。なぜなら『アカシャ年代記』は、いずれにせよ、内的に形成するような読み方をするのでなければ、その内容を受け容れることができないからです。この本は、本当に象徴化の手続きを通して、芸術的に、読者の内部で形成されるのでなければ受け容れられません。ですからこの神学者は、図版付きということに主要な価値を置いている限り、たとえ『アカシャ年代記』の図版入り豪華本を手に入れたとしても、何もそこから始めることはできないでしょう。

人智学は、著者との内的な共同作業を読者に求めています。そうでなければ、好き勝手に空想の産物だと決めつけることができるような言葉だけしか読みとることができません。ですから、著者との内的な共同作業を愛することを学ばなければなりません。それは楽なことではありませんが、それを行うことができれば、魂も体も、それによって生きいきとなるでしょう。おそらく、人によっては、この「生きいきとなる」という言い方に抵抗を感じるかもしれませんが、しかしそういう人は、理解を獲得するのが困難な、アストラル体の内的共同作業によって獲得すべき事柄を、楽な受動的な思考によって獲得しようとしているのです。

つまり、人智学によって生きいきとなり、能動的となるのは、単なる自我ではなく、アスト

ラル体なのです。その場合、次のような体験が生じます。人智学の書物を読むと、内部で何かが渦巻くように感じられます。ある人の場合、内的に受け身であり、思考の影を働かせ続けることに馴れていたとしますと、能動的な悟性のような何かが、内部で渦巻き始めます。そうすると、まるで内部にシラミがいるような、むずがゆさを感じて、その感じに敏感に反応します。そしてこれは健康によくない、と言います。人智学の書物は難しすぎて、健康によくない、と。

それでは一体、現代の自我文化と、人智学によって獲得される文化との間に、どのような関係があるのでしょうか。それは単純な図で説明できます。

ここに地球（赤）があるとします。地球には月紀、太陽紀、土星紀が先行しています。ここに地球の没落後に現れる木星（緑）があるとします。木星紀には今、萌芽として存在している肉体、エーテル体、アストラル体が活発に働いています。しかし、自我は一定の条件の下でなければ働きません。もし自我が地球文化の中で受容できるものしか受容しないならば、この自我意識は地球とともに消滅してしまうのです。人間は地球自我となってしまいます。そして、地球自我であることを地球の没落と共にやめなければならなくなります。人間は他の形態をとらなければ、更なる進化を遂げることができない

[図5]

のです。

しかし、人間がアストラル体にまでみずからを進化させて、アストラル体を活発に働かせることができたならば、その活発な働きが自我にも作用を及ぼして、人間は、自我とアストラル体とが一体となった存在になるでしょう。そのときの人間は、もはや自分の内部にシラミがいるように感じることはないどころか、自分の内部が健全で力強い生命力に充たされていると感じるでしょう。人間が未来の地球変容の道を進むことができるか否かは、まさにこの生命力の在り方いかんにかかっているのです。

霊学としての人智学は、徹底して生きたものとして考察されなければなりません。単なる理論として宇宙を考察するのではなく、地上存在であることに留まらない生命力を人間に与えることができる働きなのです。

（人智学通信第五五号「シュタイナーの言葉」日本人智学協会　一九九五年七月・八月）

三分節化、人間と宇宙の関係づけ

（『宇宙の霊性と人間の物質性を結ぶ架け橋』から第１講～第３講）

ドルナハにて

1920年11月26日～28日

Die Brücke zwischen der Weltgeistigkeit und dem Physischen des Menschen

第一講

美と叡智と強さ

一九二〇年一一月二六日

繰り返して述べてきたことですが、人体形姿の中には、人間の生命《いのち》のいとなみのすべてがあらわれています。人間の頭部が正しく理解できると、地上に生まれてくる前に人間が経験した生命のいとなみの成果が頭部の形態となって現われていることに気づかされます。そして、人間の肢体組織およびそれに付随する諸器官に眼を向けると、そこには死後の未来に特定の変容のあとで、人間の頭部形成のもとになるべきものが見出せます。そしてこのことは、同時に、人間の宇宙的な関連をも示唆しているのです。

もちろん、現在の人間の頭部の形姿も、以前の肢体形成の変容である、と言うことはできますが、そもそも今人間がもっている頭部の形姿は、人間が地上の世界に生まれてくる以前に、宇宙的に行なってきたことに起因するものなのです。

頭部の形姿の本質的な部分は、土星紀、太陽紀、月紀の経過の中で生じました。そして肢体

人間は、木星紀、金星紀、ヴルカン星紀の進化のための出発点なのです。現在のリズム系の本質をふまえている胸部人間だけが本来の地球の人間なのです。

ですから、次のように言うことができます。——現在の人間の頭部は、地球紀に先行する三度の惑星紀から形成された。そして、こんにちの肢体の根底に存するものは、地球紀以後の未来の諸惑星紀のための出発点なのだ、と。

そして人間は、死から新しい誕生までの生を生きることで、土星紀、太陽紀、月紀に体験してきたことを、ふたたび霊的な仕方で繰り返しています。人間は、地球紀での生体を、土星紀、太陽紀、月紀の生体にまで遡って形成しているのです。そして同様に、地球紀に形成される肢体の生体は、木星紀、金星紀、ヴルカン星紀の間に、ますます物質的なものの中に組み込まれ、有機的に生体化されていくのです。

これらの事柄と向き合うときには、人間的＝地上的な観点と宇宙的な観点の両方をもつ必要があります。ですから私たちが人間の頭部の形成を考察するときでも、人間の本性と宇宙との関係を考慮に入れなければなりません。

さて、土星紀、太陽紀に生じた事柄は、もちろん人間の考察からはかけ離れていますから、そこで生じた事柄を、地上の観点から正しく判断することはできません。これに反して、古月紀に生じた事柄は、集中して評価することができます。なぜなら、そのときの事柄は、現在、

地球と月、現在の月との間で生じる諸事実の中で繰り返されているからです。ですから、地球と月の間で生じる事柄と人間の頭との関係をも研究することができ、そうすることによって人間形成の秘密をうかがい知ることができるのです。それは次のような仕方で可能になります。

どうぞ図のように、地上の人間をイメージしてみて下さい。人間は、地球の中心に身をおいているのではなく、中心から地球の半径分、離れていますね［図6／口絵1］。これが人間の頭だとしますと、こう言うことができます――「頭は地球の周りを動いている。そして同様に、月は人間の頭の周りを動いている」。もちろんこの図では、大きさはまったく考えていません。大小関係を考えると、何が何だか分からない図になってしまいます。

皆さん、月が満月の状態で、ここにいるとします。そして太陽からの反射光を人間に向けています。ですから、太陽の光が人間に作用しています。今は人間の頭部だけを問題にし

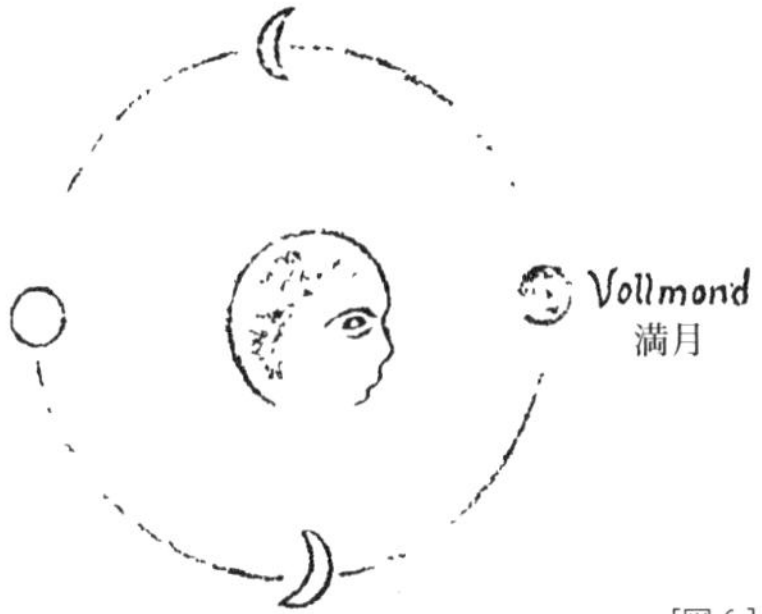

［図6］

ているのですが、この満月の反対側に新月を描きますと、そこからは何も光が輝いてきません。いわば人間の存在は、この側では、自分みずからに委ねられています。人間に作用を及ぼす外からの光の刺激をあまり受けていません。ですからそこでの人間は、むしろ自分の内的な進化にまかされています。そして、ここに上弦の月と下弦の月があり、それぞれ満月の光の作用よりも弱く、そして新月の作用よりも強く、光の刺激を受けています。

それ以外にも、月は地球のまわりを公転することで、黄道獣帯を通り抜けますから、月の光は、それによって、さらに特別の仕方で、異なった作用を及ぼします。月の光は、牡羊座が背後に控えているときと、乙女座が背後に控えているときとでは、違ってきます。月の働きは、黄道獣帯のどの星座を通るかによって違ってくるのです。

皆さん、この図を人間の生長にとっての正しい時点において考えてみて下さい。つまり、あらかじめ死から新しい誕生までの進化を通ってきた人間の霊我が、どんな経過を通って母胎の中に定着するのかを考えてみて下さい。この時期に月がその胎児に働きかけます。それによって、母親の胎内での人間の頭の形状（Konfigration）が、まず月の作用を通して、もちろん他の天体との関連の中での月の作用を通して、宇宙からの影響を受けているのです。人間の頭の形状は、月の影響の下で生じるのです。

こう言いますと、当然、皆さんはこう反論なさるでしょう——「満月が正確にいつでも両眼

や鼻に光を投げかけるとは思えない。後頭部がその内的進化を外界にではなく、自分に委ねているというのなら、その後頭部がぴったり新月に向き合っているというのか。そんなことは考えられない」。

たしかに無条件にそうである必要はありません。満月が顔のどこかに働いている、そして新月が後頭部のどこかに働いている、ということが本質なのです。

子どもは母胎の中で特定の位置を占めています。そして、その位置はまったく宇宙に従っているのです。けれども月が、胎児の顔になるべき部分に、多少なりともずれた仕方で光を投げかけることによって、頭部に依存している限りでのあれこれの能力をもった人間が生まれてくるのです。例えば、明るい月の光が口に作用するときと、その光が両眼に作用するときとでは、身体上違った能力が与えられます。このことは、宇宙に依存している限りでの人間の天分と関係してくるのです。

しかし今日、私たちが問題にしたいことの本質は、人間の胎児の成長期での月に由来する影響が頭部の形成に関わっていることにあるのです。実際、人体形成のはじまりは頭であり、その頭は、月に由来します。つまり古月紀から、そしてそもそも地球紀以前の惑星紀から伝えられてきたものに由来するのです。

人間の頭と外界との宇宙的な関連に眼を向けて下さい。人間の胎児期は宇宙的な関連の中に

組み込まれており、その場合は本質的に、月の作用が中心になっているのです。

問題はこうです。月が軌道を移動します。人間の頭を取り巻いて移動します。人間が胎児として成長する間、月は十回軌道を廻ります。ですから月は、巡行しつつ、人間の顔を形成し、それから休んで発育するにまかせるのです。その間、月はうしろのほうを廻っています。しばらくのあいだ顔の形成を眠らせたあと、月はふたたび現れて、その形成を新たに始めます。それを月は十回繰り返すのです。そして、月齢の月が十回繰り返される間に、人間の顔はリズムに従って、宇宙から形成されるのです。ですから胎児は、月に仲介された宇宙の力の影響下に、母体の中で10×28日間を過ごすのです［口絵1 右上］。

その時期に、そもそも何が生じるのでしょうか。人間は始め、霊的、魂的な本性として、自分が母として選んだ人物のところに宇宙からやって来ます。そうすると月がその人の頭部形成を引き受けます。もしもその人が、十二ヶ月間、母親の胎内に留まっていたら、完全に完結した円形の姿で生み出されたでしょう。人間はそういう十二ヶ月ではなく、十ヶ月だけ胎内に留まります。ですから、人間の成長の何かは未決定のままになっています。その残りの仕事は、誕生後に宇宙から作用してくるのです。誕生以前は、宇宙の力の十二分の十が人間の頭部を形成するために働いてくれました。残りの十二分の二の力は母胎外での形成のために残されています。

しかし、この母胎の外での形成は、すでに胎児の中で始まっています。宇宙的な力以外に、さらに別の外の力が人間に働きかけます。本質的に地球そのものに発しているその力は、頭に働きかけるのではなく、人間の肢体に働きかけるのです。

これが地球です［図7／口絵2］。これが人間の肢体です。この肢体の中に働きかける力は、本質的に大地の力なのです。大地の、地球の力が腕や手、膝や足の中に働いています。この大地の力が内へさらに働き続けると、その力は新陳代謝の働きになります。身体の内部では新陳代謝として働いていますが、身体の外部では、さまざまな運動をするときの力になっています。手足を動かすときの運動は、決して単純ではありません。地球の諸力とも関わっています。足で歩行するときは、そのつど大地の力を、重力を克服しなければなりません。内部で働く力と重力との間で生じることの結果が手足に現れているのです。

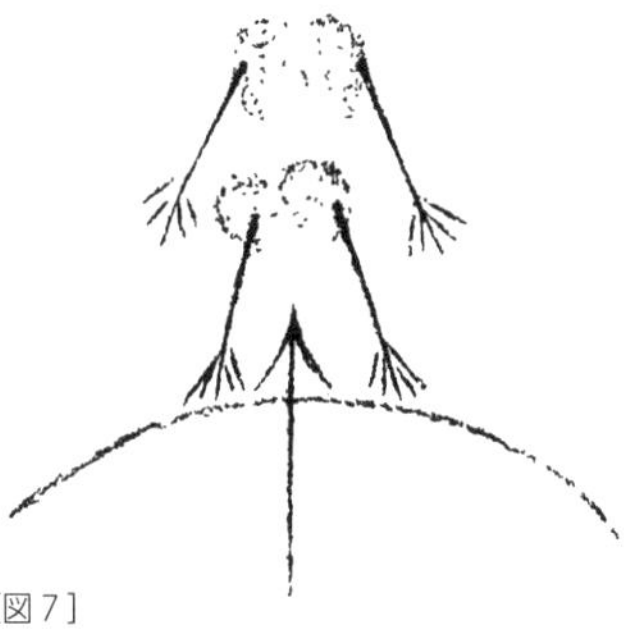
［図7］

体内で行われる新陳代謝には、地球成分の化学的な諸特性が関与していますが、手足の動きの場合は、地球の重力との相互作用が生じています。そして、その場合に形成されるものは、母胎の中で生じるものとは異なる時間関係の中にあります。母胎の中の人間の場合は、28日

×10つまり十ヶ月の時間が経過します。言い換えると、一日の経過が二八〇回繰り返されています。だから本質的には、一日の経過が基礎になっているのです。

肢体の人間の場合は、一年の経過が基本になっています。ですからご承知のように、肢体の成長は、幼児期のほうが速く、その後、次第にゆっくりになるのです。

本来、肢体の成長は二八年を要します。もちろん最後の七年間の成長は、それ以前の二一年間のようにはっきり現われてはいません。また、母胎の外でと言っても、母胎の中ですでに肢体の成長は始まっています。

このように、頭部の人間は過去と結びつき、月と地球の関係は過去の土星紀、太陽紀、月紀を繰り返して現在に到っているのですが、肢体の人間は地球と結びつき、さらに地球紀において木星紀、金星紀、ヴルカン星紀のために準備をしているのです。ですからもともと人間は、自分の頭部を直接地上で形成することはできません。地球は人間の頭部形成に対しては無力なのです。人間が誕生以前、受胎以前から力を持ち込み、母の胎内でその力を利用することによって、宇宙が月を通して人間に働きかけることによって、人間の頭部は、以前の受肉期の肢体の高度な変容として生じることができるのです。

そして、地球の影響の下に生じる肢体の人間は、地球紀の形成によっては、まだ完成されません。人間が金星紀に行う事柄を、地球紀に行うことはできません。人間は金星紀でなら、鹿

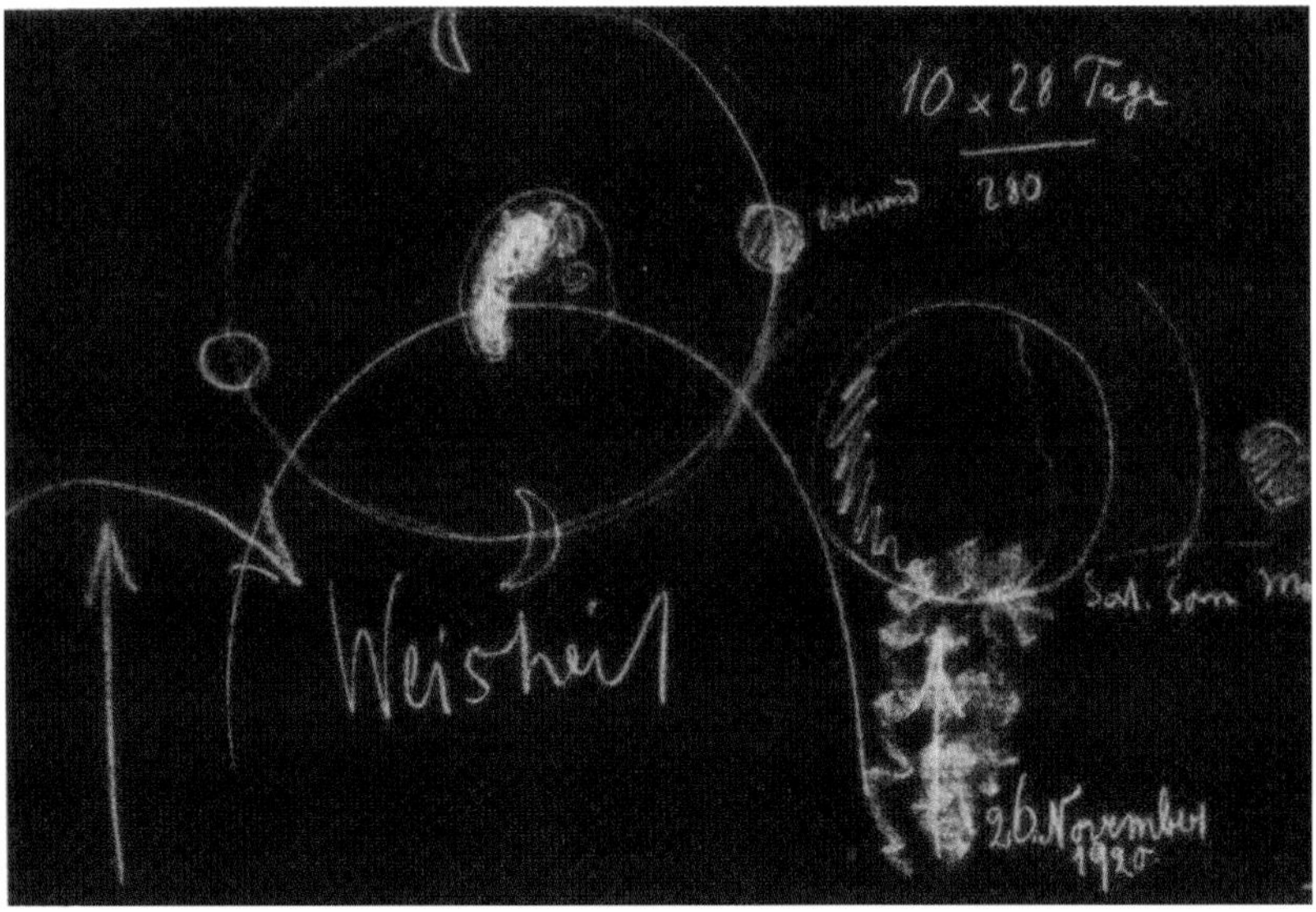

［口絵１］87頁［図６］Weisheit＝叡智 （右上）10×28 Tage＝日 （右・中央・下部）Sat Son Mon＝土星 太陽 月

［口絵２］91頁［図７］（中央上）Schönheit＝美 （中央下）Kraft＝力 Stärke＝強さ （右）kosmische Wesenheit（irdisch beeinflußt）＝宇宙的本性（地上的な影響を受けた）irdische Wesenheit（kosmisch beeinflußt）＝地上的本性（宇宙的な影響を受けた）（左下）Erde＝地球 Geburt＝誕生 Tod＝死

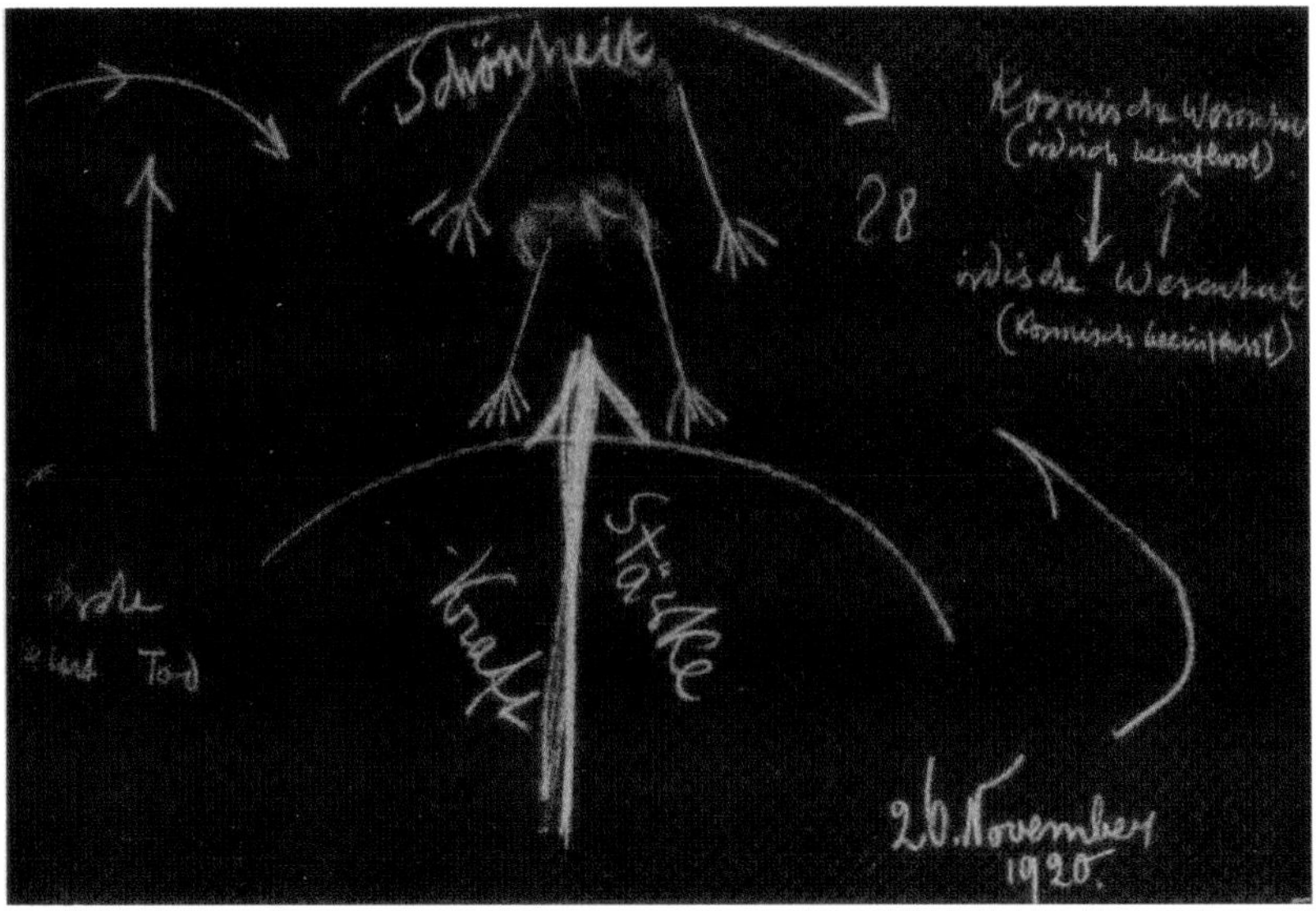

が角《つの》を落とすように、自分の頭を失っても平気でしょう。頭部以外の身体の中から別の頭を生じさせるでしょう。この金星紀の人間は、まったくうらやましい状態にあるのです。けれども未来になったら、どんな人もみんな経験することです。霊視がそのことを教えてくれます。

実際、現実に起こる事柄は、こんにちの地上の限られた事柄に較べると、グロテスクなものに思われますが、しかし現実は、限られた地球紀の理解力で計れるものの範囲を遥かに超えているのです。単なる地上での観察の範囲内では、現実の一部分しか受けとれません。地上の状況だけを観察していたら、人間のことは何も分かりません。このことは、真剣に考えてみる必要があります。

人間は宇宙的な存在なのです。もちろん、はじめは母胎の中で、主として外的に成長し、地球の影響の下で一個の地上存在として形作られます。しかし太陽が外見上は地球の周りをめぐり、さらに黄道十二宮の星座を通ることで、一人ひとりの人体は、それぞれ異なっていくのです。

以上に述べたことを考えて下さるなら、皆さんは人間の中に対立し合う二つの状態を、一方の宇宙的状態、宇宙的本性と、もう一方の地球の本性とを見出すでしょう。

宇宙的本性は、人間の頭部が完全に円《まる》くなるように働きかけます。そして太陽の光が月を通してその頭部に働きかけると、頭部に顔が形成され、太陽の光が地球から離れると、後頭部の

基礎が作られます。球体に作り出す宇宙からの働きが、それによって個別化されるのです。良き月が存在せずに人間の頭部が形成されたとしたら、人間の頭は、まったく個別化されぬ球となって生まれたでしょう。

そしてその一方で、母親は地上で生活しているのですから、地球が作用しています。人間が胎児として頭だけの存在でないのは、地球が頭部の形成に作用しているからです。人間が地球の影響だけに従っていて、宇宙からの作用が存在しなかったとすれば、人間は円柱のような形になっていたでしょう。人間は本来、地球からの円柱化、半径化と宇宙からの球体化との間に挟み込まれ、組み込まれているのです。人間の形成は実際に、円と半径とを基礎にしているのです［口絵1 右］。

もちろん人体は、円柱ではありませんし、両手、両足を円柱にくっつけた状態で生まれたのではありません。でも、今のような人体でいられるのは、四季が移り、冬と夏が霊的に作用して、地球と地球環境がさまざまに宇宙的な作用を受けているおかげなのです。冬と夏の相違は、満月と新月の相違に似ています。満月と新月の相違が顔と後頭部に作用しているように、冬と夏、春と秋となって作用している宇宙の力は、私たちの肢体を形成し、両足が一本の円柱にならずにいられるようにしてくれているのです。

私たちの頭部は完全には宇宙的でなく、地上的に和らげられた宇宙的存在であり、私たちの

肢体は完全に地上的なのではなく、宇宙的に和らげられた地上存在なのです。

地上の四季は、宇宙的な作用をしているのです。ですから、私たちの肢体は地上的な影響を受けた宇宙的本性であり、宇宙的な影響を受けた地上的本性なのです。私たちが宇宙的本性として、地上の影響を受けていなかったら、私たちの身体は球形になっていたでしょうし、私たちが肢体人間として、地上の人間として、宇宙の影響を受けていなかったら、私たちの身体は円柱になっていたでしょう［口絵2　右上］。

宇宙と地球のこの相互作用は、私たちの人体形姿の中にはっきり現れているのです。地球と宇宙の相互作用を考慮しない限り、人間の形姿は理解できません。人間が全宇宙の表現であり、つまり人体のいたるところに表現されている星々の世界の表現であり、そして同時に、その形姿が地球から流れ出て人間を条件づけている諸力の模像である、ということは、何とすばらしいことでしょうか。

宇宙的本性からの影響を受けない人間の地上的本性のことを考えてみて下さい。この地上的本性は、私たちの中にそのままの姿で現れてはいませんが、私たちの内部で働きかけています。この地上的本性は、地球の中心点から力を送り込むところの基本的な存在なのです。

私たちの人間としての働きの中で、意志として働いているものを、古来、人は「強さ」とか「力」とかと呼んできました。そして宇宙から私たちを作り出すもの、円としてイメージでき

るもの、主として私たちの頭部の形成の根底にあるもの、しかし地上的に和らげられているのでおもてには現れてこないもの、それを古来、人は「美」と呼びました［口絵2 中央］。

ですから、人間の中に働く事柄は、大まかに言えば、物質的なものと道徳的なものとを超越する一種の価値を持っているのです。そしてその価値は、物質的なものと道徳的、美的なものを結びつける価値なのです。なぜなら、地球から生じる強さ、私たちの中で力となって働く強さは、道徳的で美的な力であると同時に、肉体の筋肉の力でもあるのですから。

私たちを輝かせ、包んでくれる美、私たちの頭の根底にある美は、物質的な関連においても、道徳的な関連においても、私たちの頭の中で思考内容の美として現れています。

宇宙的なものに和らげられた私たち地上存在と、地上的なものに和らげられた私たち宇宙存在、この二つの存在の中間に、胴の人間がいます。この胴の人間とは何ものなのでしょうか。

それは本質的に律動する人間のことです。宇宙的なものを絶えず地上的なものに引き下ろし、地上的なものを絶えず宇宙的なものに引き上げる、律動的な人間です。

私たちは自分の内部に絶えず回転し続ける流れをもっています。この流れは、肢体の働きを、呼吸という廻り道を通って頭の中に導き入れ、頭部の働きを呼吸という廻り道を通って肢体の中に導き入れるのです。ですから、頭と肢体の中に、あちらへ、こちらへと波立つ流れが生じています［口絵1 右］。

この波立つ流れを生じさせているのは、私たちの内部にある律動系です。肺、心臓、血液循環の働きです。

血液循環は何のためにあるのでしょうか。血液循環は、直線と円の間に組み込まれ、黄道十二宮と諸惑星とによって形成されました。ですから頭からは、絶えず円を描いて流れるように血行を導く力が働き、肢体からは絶えず直線的に流れるように血行を導く力が働いているのです。そして血液循環全体の絶えず円周になろうとする力と、絶えず直線になろうとする力との相互作用の中から、私たちの中に、呼吸に刺激を受けながら、特別の血液循環が生じるのです。

この律動系の働きは、人間の内部の宇宙的なものと地上的なものとのおかげを受けているのですから、人間の中には、宇宙的なものである美と、地上的なものである力との結びつきが生じているのです。胸の人間の中で結び合っているこの結合は、本質的に、古代以来、霊的、魂的に「叡智」と呼ばれました［口絵1 中央下］。

人間の中に生きているこの叡智は、宇宙の美を人間の中に投影しました。けれども大地の力は、心情という廻り道を通ると道徳の力に変わります。道徳の力は道徳の叡智になるのです。地上の叡智と宇宙の叡智とが、人間のリズム系の中で出会います。人間は全宇宙の表現であり、人間は、知ろうとしさえすれば、人間のこの在りようを理解することが可能な存在なのです。

人間はこのような宇宙の秘密から作り出されているのですから、誰でもこの宇宙の秘密に眼

を向けることができます。私たちもすでにこれまで、いろいろな観点からこの点に眼を向けてきましたが、地上の生活そのものの中に、この関連を見てとることができます。

皆さん、頭部という廻り道を通って宇宙の美が人間の中に働きかけてくるのは、女性的なもののおかげです。そして、人間の中に現れる地上的な力強さは、男性的なもののおかげです。ですから、宇宙的なものと大地的なものとの結合は、受胎行為の中で生じるのだ、と言えます。もしも人間のこの特別な在りようを見ようとしないなら、地上における人間の使命が見えてきません。実際、頭部の形成は、そもそも地球の力では人間にまったく作用できずにいることによって生じるのです。つまり、もっぱら誕生以前から自分が所持しているものを地上のものの中に持ち込み、母胎の中の地上的ではないものが、月の廻り道を通って人体形姿のために作用することによって生じるのです。

地球に由来する力や強さが、肢体の人間を形成します。この力や強さは、人間を終わりまで導き続けることができないので、死を通っていかざるをえません。肢体の中の諸力は、みずからを霊化し、魂化しなければならないのです。それによって、その諸力が、死から新しい誕生までの間に、地上以外のところで、さらに進化し続けて、はじめは霊的魂的にみずからのための頭部の形成を行うようになるのです［口絵2 左下］。

地球紀においては、まだ完成していないものが頭部に働きかけています。木星紀と金星紀に

なったとき初めて、人間の肢体から本来の頭が生じるのです。ですから地球紀に働いている力も、誕生から死までに人間を限定しているわけではなく、土星紀、太陽紀、月紀に働いていた力は、今、死と新しい誕生との間で、死後の人間をふたたび霊化しなければなりません。そして肢体をふたたび頭にするのです。もう一度言わせていただきますと、人が死ぬということ、そのことの意味は、人が霊界で、土星紀、太陽紀、月紀を経てきたことの結果である形姿を表現できる能力を獲得するためなのです。地上に生きるにふさわしい形姿をです。

地上を生きる人間は、肢体と呼吸循環系を発達させます。けれどもこの肢体の中には、未来が用意されています。肢体は、終わりに到ることがありません。人間は死んで、そしてふたたび頭部になって、地上に戻ってこなければならないのです。生まれる以前にあらかじめ形成されていた頭部になるのです。

このように今の人体形姿は、転生を通して生じたのです。人間の肉体は、土星紀、太陽紀、月紀から生じた本性なのです。そして土星紀、太陽紀、月紀を通過してきた自分の本性をふたたび霊界から、素質として取り込むことで、その素質を球体として表現することで、人間は地上で頭部という球体をもっているのです。この頭部は、地上に由来する存在ではないので、人間を繰り返して死に追いやることができるのです［口絵1　右中央］。

こういう輪廻転生に関わる事柄は、宇宙の進化と密接に結びついています。今日述べたよう

な事柄、そして明日と明後日にさらに述べるつもりでいる事柄は、人間なら誰でも洞察できます。ただそのためには、霊学による研究が必要なのです。この研究は、健全な常識を働かせて理念関連を受け取る人なら、誰でも理解できます。けれども、いつでも繰り返して聞かされるのは、人間は霊学の扱う問題を直接洞察できない、という声です。「霊学者はこういう事柄を私に話してくれるが、私は自分でその事柄を洞察できるわけではない」、と言う人は、高校卒業試験（大学入学資格試験）を受けたあとで、どうも微分方程式の問題は苦手だ、と言う人に似ています。

どんな人でも霊学を学ぶことができるのです。どんな人でも微分方程式の問題の解き方を学ぶことができるように、です。違いがあるとすれば、微分方程式を解くほうが霊学を学ぶよりも難しい、という点だけです。自分は見霊者ではないから、ここで扱われているような問題を洞察することなどできるはずはない、というような言い方は通用しません。微分方程式を解くのに霊能者である必要がないように、ここで述べている外界との宇宙的関連を考察するのにも、霊能者である必要はないのです。ただ健全に概念を働かせればいいのです。

けれども、今言ったことの正反対も成り立ちます。このこともよく耳にするのですが、人がそれぞれ違った世界観を語るとき、そのいずれが正しいのか分からなくなる、と言うのです。

私たちが首尾一貫した立場に立とうとして述べているすべてを吟味して、互いに関連づけて

みれば、どんなことにも一義的に向き合えます。多義的になることはありません。私たちは美、叡智、力について、その意味について争う必要はありません。すべては一義的であり、明白なのですから。

私たちの頭部には外縁部が、私たちのその他の人体部分では関節部分が半円形をとって存在しています。こういう事柄は一義的です。意見が分かれたりはしません。あれこれ論じる必要もありません。結論は決まっています。しかしこの事実が、現代においては、霊学そのものの普及に対する障害になっているのです。なぜなら、こんにち、各地であれこれの協会が、人智学や三分節化運動と関連づけて講演活動を行っているからです。そういう活動は、霊学の社会的な現象でしかありません。

人びとはどこかでそのような講演を聴き、そのあとでまた別の講演を聴きます。そういう人びとは、しばしば、内なる決断力を行使しようとはしないのです。自分で何かを決めようとしませんので、霊学をいろいろなもののひとつである、としか思えないのです。でも霊学と向き合うときには、それでは済まされません。現代の他の世界観の場合には、それでかまわないのかもしれません。ある世界観はより優れ、別の世界観はより劣っています。人びとはそういういろいろな立場を知って、あれこれ試し飲みしてみているだけなのですから。

霊学に対しては、そういうことでは済まされません。決断を迫られます。人生の根本にまで

迫っていかなければならなくなります。あれとこれとを並置するのではなく、根本にまで決断を迫られるのです。そういう意志の強い緊張が必要なのです。あちこち、ある世界観から別の世界観へただ揺れているだけですと、ただ試し飲みをしているだけで済んでしまい、根底にまで迫っていけません。霊学は断固、徹底した態度を求めます。ですから霊学は時代の好みに合わないのです。時代のいい加減さ、曖昧さ、時代の弱さに妥協できないのです。霊学は明るい精神の強さを求めます。でも現代では、そんなことは好まれません。人びとの心を逆撫でし、不愉快にさせてしまいかねません。

かつて太古の人間は、本能的な叡智からこういう事柄についての観点を持っていました。そして古代の文献、私たちの学問が理解せずに取り上げている古代の文献の叡智は、人間と宇宙との関係をいたるところで示唆しています。この叡智は次第に失われていきました。人間は、人間と宇宙との関係において、混沌（カオス）の中に押し戻されてしまいました。しかし人間は、みずからの意志の力で、この混沌から自分を救い出さなければなりません。意識的に人間と宇宙との関連を取り戻さなければなりません。

私たちはこの関連を見つけ出すことができます。今日の考察のはじめに申し上げましたが、人間の頭は、それを宇宙の成果であると見るのでなければ、理解できません。人間の肢体は、それを地上の生成の成果であると見るのでなければ、理解できません。そしてこの両者、頭と

肢体との間の調整は、絶えず直線を円形に、円形を直線にしようとする胸部人間、律動的生体の働きなのです。

皆さんが血管網をご覧になるなら、直線が生じようとしているのがお分かりになると思います。しかしまた、円をも直線にしようとしています。血管網がどのように生じるのかは、星々の運行とも関係があります。形態は星々の位置と関係があり、運動は惑星の運行と関連しています。このことは、すでに別の観点からも述べたことがありました。

しかし、私たちがこういう認識を受け容れるとき、人間の心情の中に何が生じるのでしょうか。次のように言うことができます。この認識は、それを受容する人にとって、数学上の真理のように、見通すことを可能にしてくれる、と。――確かに数学上の真理は見通すことができますが、一五歳の少年にとっても見通せるようなものではありません。しかし霊学上の事柄についても、数学と同じことが言えます。

他方、この霊学上の叡智は、人間の感情の中にも深く働きかけています。ですから、この叡智の中から神的な感情も育ってきます。表面的な感情に留まり続ける人は、宗教とは縁ができませんが、内面の深みで働く感情は、宗教と無縁ではいられません。人間と宇宙との関連に眼を向け、特に私たちを包み込んでくれる天上の星々の中に美を見、それを霊の現れと思う人が、さらに地上の事物の美をも芸術の中に刻印づけるのです。そういう芸術の中には、もはや感覚

的に知覚することのできる外なる自然だけが表現されているのではありません。そこには、根底にまで達しようとする霊学のような認識態度によって獲得できる何かが生きています。今回のドルナハの連続講義のための最初の公開講演［「芸術と学問と宗教」一九二〇年九月二六日］で申し上げた学問と芸術と宗教の統一を獲得することができるための何かがです。

私たちのセンターのための名前にもなっているゲーテは、こう言いました。

学問と芸術を持っている人は
宗教も持っている。
学問も芸術も持っていない人は
宗教を持とうとする。

外に宗教を見つけようとするのです。しかし、学問と芸術を根本にまで追求しようとする人は、内から学問と芸術と宗教の統一性を学ぶのです。それがゲーテの思いでした。

学問と芸術を持っている人は、宗教も持っています。ですから今述べた仕方で宗教と芸術と学問の統一を求める人たちなら、自分たちの集まる場所を「ゲーテアヌム」と名づけることが許されていると思います。しかし、ゲーテアヌムにおいて、今述べたような仕方で生じる洞察

は、私たちの時代の軽薄さにとっては、何の役にも立ちません。すべては上から目線で見下ろすだけなので、すべてはつまみぐいで済まされてしまいます。霊学は決断を求めます。世界の深層に迫るためには、決断がなければなりません。ですから、人間の心の深層からの理解が求められているのです。

第二講　宇宙進化と社会生活

一九二〇年一一月二七日

昨日は人間と過去、未来との関連をひとつの観点から取り上げましたが、その際、眼に見える人体の姿の根底には、これまで何度も述べてきたあの人体三分節化が働いていました。頭部の生体は過去と結びつき、肢体の生体は未来に向っていました。そして、律動系である肺、心臓の生体は、現在の中にいます。そこで今日は、人間のより内的、魂的な側面に眼を向けよう（そして明日、それまで取り上げてきた事実の全体に、まとまりを与えることができるようにしたい）と思います。

私たちが人間の身体を頭部系、胸部の律動系、肢体系の三つに分節化することができるように、魂の働きも三つに分節化することができます。魂の働きを思考または表象と感情と意志とに分け、そして魂の働きの中に、身体の場合と同じように、この三分節化を見てとり、そしてさらに、魂のそれぞれの分節を宇宙に関連づけて研究することができます。その場合、まず、

表象生活が問題になります。

表象生活、思想生活、つまり思考は、疑いもなく、人間の内部でもっとも明確な働きをしています。表象生活は、一方では人間を宇宙の彼方へ導き、他方ではみずからの内面深くへ導きます。人間は表象生活を通して広大な宇宙の諸現象を知り、昨日述べたように、頭部形成の元になる「根源」とも言うべきすべてを受容しますが、もう一方では、自分の思考内容、表象内容を内部に収め、それを記憶内容として保持しつつ、その表象内容に従って、みずからの内面生活を組み立てるのです。

この表象生活、思想生活は、主として人間の頭部に結びついています。頭部にみずからの機関をもっています。ですから、表象生活の運命は、頭の運命とつながっています。

頭は過去へ遡ることができます。私たちは、この世に生まれるために、頭部形成のための、霊的、魂的な萌芽を身体の中に組み入れますが、この事実は、私たちが表象生活そのものをも誕生以前の生活の中から持ち込んでいることを示しています。

しかし、表象生活をそのように評価できるのは、別の原因があるからでもあります。私たちの表象生活は、私たちの魂のいとなみの中で、もっとも明確な部分です。けれどもその表象生活はまた、基本的に地上の物質界を生きる中で、私たちの個的な生活とはまったくかけ離れた要素をも含んでいます。

私たちのもっている数学上の真理または論理学上の真理のことを考えてみて下さい。数学上の真理は外的な観察からでは証明できません。数学上または幾何学上の真理は、私たちの内部から取り出してこなければなりません。例えば、ピタゴラスの定理、三角形の内角の和が一八〇度であること、そういうことの真理は、私たちの内部にしか見出されないのです。

そういう真理は、黒板に図で示すことができますが、その真理を黒板上に造り出すわけではなく、内的直観によって、私たちの表象の中に造り出すのです。私たちの表象の中には、それ以外にも多くの真理がそのような仕方で混入しています。私たちはそういう数学上の諸真理を、私たちが人間であることによって、あらかじめ知っているのです。たとえ数十万、数百万の人がやってきて、「ピタゴラスの定理は真実ではない」と言ったとしても、私たちは個人として、この定理が真実であることを、内的直観によって知っているのです。

どうしてそうなのでしょうか。その理由はもっぱら、私たちが表象生活を、感情生活や意志生活とは異なり、物質的なものの中で育成するのではなく、誕生と共に物質生活の中に持ち込んでくるからなのです。

今申し上げたことは、人間の本性を本当に観察しさえすれば、見てとることができますが、霊学の研究者はこのことを以下のように表現しています。——

「人がいわゆる霊視的表象をもったとしよう。霊視とはどういうことなのか。霊視を体験す

るときのわれわれは、イメージの中に生きている。けれどもそのイメージは、外的な感覚の働きによって得られたものではない。通常の外的な生き方の場合、われわれは感覚器官を通して外なる諸対象を知覚する。眼や耳の感覚器官は、われわれにイメージを与える。そしてわれわれは思考によって、それらのイメージを互いに関連づける。しかし、霊視表象の場合は異なる。その場合のわれわれは、外的な直観なしにイメージを体験する。そのイメージはわれわれの内部で生み出される。しかも正しい仕方で霊視を体験するときは、思考することもやめていない。外的、対象的な知覚に際して、外的なイメージを思考しているように、内なるイメージを思考している。魂を完全に思考に集中させ、それと同時にイメージが立ち現れるとき、われわれは、最初の霊視を体験する。そのときの体験は、現在を体験しているのではない。魂の前に立ち現れる最初の霊視体験は、生まれる以前の、または受胎以前のいとなみのイメージなのだ。

霊視の場合、現在の生活はずっとあとになって、長い間霊視生活になじんだあとで現れるが、しかし誕生以前、受胎以前のいとなみのようにはっきりと決まった形で現れるのではない。この事実は、われわれが対象の知覚から離れるとき（それゆえイメージの中を思考しつつ生きるとき）、この思考がはじめはもっぱら過去からのイメージだけをわれわれに示すことができる、ということをはっきりと証明している。これらのイメージの中には、生まれる以前の生のいとなみに由来する宇宙的なものが現れている。このことは、表象生活がわれわれの誕生以前の生

のいとなみから担ってきた力の現れだということを示している」。

とらわれることなく自己を十分に観察するなら、感情生活は次第に物質的なものの中で育ってくることが分かります。私たちは自分の感情を、数学的な要素、あるいは表象内容のような確かなものと同じ仕方で認識することはできません。感情に関わるすべては、幼児期になってからというか、幼児期になって初めて発達させることができるのです。この世の人生の中で、です。感情生活は、この世に生まれてからの体験が豊富であればあるほど、ますます充実したものになるのです。

重い苦悩、重い運命の打撃を体験してきた人は、楽々と人生を通り抜けてきた軽薄な人とは違った感情生活を持っています。人生の運命的な打撃は、私たちの感情生活のために大いに役立ってくれています。私たちの表象の中に現れる数学上の判断は、突然現れます。感情は突然現れるのではなく、ゆっくりと人生の中で培われ、物質生活の中で私たちと共に成長し、私たちの成長過程全体に関与しているのです。

そして意志生活は、はじめは宇宙との結びつきをあまり持たずに、私たちの魂の不特定な地下の中から立ち現れてきます。もちろん私たちは、行為を通して意志生活を宇宙の中へ持ち込みます。けれども皆さん、表象生活による宇宙との結びつきと意志生活による宇宙との結びつ

きとの間に、どれほど大きな相違があるか、考えてみて下さい。

表象生活による宇宙との結びつきは、例えば、私たちが星々の輝く夜空を見上げて、宇宙をイメージするときに生じます。宇宙を思考内容として捉えるのです。私たちは宇宙を感じ取ってもいます。それに反して、私たちが自分の中から意志の働きを取り出して、それを宇宙の中に組み入れるとしても、その一片の意志の行為は、何という微少な行為でしょうか。意志の要素は、表象の要素とはまったく違ったやり方で、もともと人間の中に根を下ろしているのです。

それでは意志と感情とは、どう比較できるでしょうか。私たちが意識して表象を働かせるとき、ただちに全宇宙と結びつきます。感情は、その時そばに近づいてきます。この世の人生が運命に応じて経過していくように、時にはゆっくり、時にはすぐに近づいてきます。

感情は、表象生活ほどには集中的にでも拡散的にでもありませんが、宇宙と結びついています。考えてみて下さい。私たちが表象生活によって宇宙と結びついているときの結びつきは、一般的＝人間的です。三人の人が星空の下に立っているとします。三人とも同じ宇宙の姿を見ています。この三人が学校で星空のことを学んでいたとしたら、三人とも同じ表象内容をもっているでしょう。

感情生活の場合は同じとは言えません。ある人は無考えに表面的な生き方をしており、せいぜい時折は夜、星空も眺めていました。そういう人が夜、おもてに出て、星空を見上げたとき

に感じるものと、もうひとりの人の感じるものとを較べてみて下さい。もうひとりの人は、ある晩、これまでそれほど親しい関係にはなかった誰かといっしょに散歩に出ることになりました。そして、歩きながら話が深刻な人生問題に及んだものですから、気がついたら何時間も話し合っていました。そのとき夜空に星々がきらめくように輝いていたのです。こうして二人の友情は深まりました。その人が数年経ってから、その間に二人のあいだにはいろいろなことがあったのですが、たまたまかつての時と同じように星々の輝く夜空を見上げました。そのとき、かつて友情が結ばれた時の思い出の余韻の中で、どんな感情が心の中から生じるでしょうか。そういう感情は必ず宇宙の中へ流れていきます。けれども、生まれてから過ごしてきた人生の在りように従って流れていくのです。

表象を通して思考内容が宇宙の中に流れていくのは、私たちが人間としてこの世に生を受け、そして生まれたことによって私たちの物質的生活の中に霊的＝魂的なものを持ち込んできたからです。感情を通しても魂の内面生活は宇宙の事物の中に流れていくのですが、しかし、物質生活そのものの中で経過した感情生活に応じた範囲内でのことです。

今述べたことを終わりまで辿ってみて下されば、こう結論づけることができると思います。
——表象生活は誕生と共にこの世の人生の中に持ち込まれた、感情生活は生まれてから死ぬまでの間に発揮される。しかし、われわれの意志衝動による行為から宇宙の中に流れていくもの

は、なんとわずかしかないのだろう。われわれの意志衝動から流れ出るものは、なんとわずかしか宇宙の中へ入っていかないのだろう。

感情に較べると、いやそれ以上に表象生活に較べると、意志の働きはプリミティヴなもののように思えます。霊学研究が霊的合一にまで高められたなら、このことの根拠を示すことができるでしょう。そのとき初めて意志衝動が見えてくるからです。

魂のいとなみが霊的合一にまで高められ、他のすべての魂のいとなみが消えてしまった瞬間に、現在の行為の働きではないのですが、非常に注目すべきことが霊学研究者の前に立ち現れてきます。自分の行為そのものではなく、行為の結果、運命となって、未来のための運命の萌芽となって現れることのできるすべてが、です。

霊的合一体験が与える最初の印象は未来のためのものです。私たちが自分では見ることができず、ただその萌芽だけが私たちの魂の前に現れてくるような、私たちの行為の結果のすべては、未来に属しています。このことからも明らかなように、意志の生活は、私たちが死後も担っていくものであり、未来を指示しているのです。ですから図式化して、次のように言うことができます。――物質の世界に留まる限り、私たちは頭の人間であり、リズム系の肺と心臓の人間であり、肢体の人間である、と。

頭の人間は私たちが過去から持ち込んだものに関わっています。リズム系の人間は生まれて

から死ぬまでの現在に関わっています。肢体の人間は未来を志向しています。この肢体の人間から、後の、来世における頭部が形成されるのです。魂の部分に眼を向けるなら、私たちは過去を志向する表象生活、現在を志向する感情生活、未来を志向する意志生活を持っています。

昨日述べましたが、人間の頭部の外縁は宇宙全体と関連し、肢体人間は地球と関連しています。魂の場合にも同様のことが言えます。表象生活は宇宙と関連し、意志生活は地球と関連し、そしてリズム系の感情の要素はその両者を仲介しています。感情は両者の、つまり天上的と地上的とを仲介しているのです。

私たちは次のことにも注意を向けました。古い時代から根源の叡智の本能的な認識によって、大地から人間の肢体に作用を及ぼしているもの、宇宙の作用によって緩和されているもの、それを「強さ」と呼んできました。そして人間の中にあるもの、頭部の形成として現れているもの、宇宙的なものであり、しかし地上的なものによって緩和されているもの、それは古い時代から「美」と呼ばれました。そして、リズム系の人間の中に生きているもの、両者を調整するものは「叡智」と呼ばれました。

同じ呼び名は、表象生活にもあてはまります。古代秘儀の叡智の意味で、表象生活は美の原理に浸透されていると考えられ、感情生活は叡智に浸透され、意志生活は強さに浸透されていると考えられていました。

さて、肉体と魂とに見られたことは、人間の霊についても見てとれます。霊の場合にも、三分節的な霊の本性が見てとれるのです。ただ霊の場合には、三つの状態を語るのでなければなりません。私たちがすっかり目覚めているときの、霊に完全に明るく照らし出されている状態と、睡眠時の間の夢見ている状態と、意識を失い、深い眠りに陥っているときの霊の状態とを考察することができます。三分節化された霊、すなわち目覚めている霊、夢見ている霊、眠っている霊です。

目覚めているときはどうでしょうか。覚醒時の生活は、とらわれずに観察すればすぐ分かるように、人間のもっとも成熟した生活です。その生活は人間がこの世に生まれたことによって物質界に持ち込まれた生活です。すぐにはそのようには見えなくても、もっとも完全で、もっとも成熟した生活です。人間がこの世に生まれたことによって可能となった生活なのです。

ですから、こう言うことができます――「覚醒時の生活は、過去へわれわれを導く。夢の生活は現在へわれわれを導く。この言い方はもちろん奇妙に思えるだろうが、そうなのだ。夢の生活が現在へ導くことは、幼少の頃に非常にはっきりと観察できる。幼児は夢見ている。まだ完全に目覚めてはいない。過去が子どもの中に入り込むようになって初めて覚醒時の生活が始まる」。

夢の生活は現在の生活なのです。私たちが覚醒時の生活を夢の生活の中に持ち込むのは、私

たちの誕生以前のもの、私たちの過去が現在の中に持ち込まれることに因るのです。

現在は私たちをもっぱら夢の生活に導きます。そして睡眠時の生活は、まだぜんぜん現在とは結びついていない生活であり、私たちの意志生活に親和した生活です。意志生活は私たちの中のもっとも不完全なもの、これから完全にならねばならないものなのです。睡眠時の生活は、私たちの内部で未来を用意し、未来を指示しています。

このように霊は、過去と現在と未来に属しています。覚醒時には過去に属し、夢の中では現在に属し、睡眠中は未来に属しているのです。

	過去	現在	未来
肉体	頭の人間	リズム系の人間	肢体の人間
魂	表象生活	感情生活	意志生活
霊	覚醒生活	夢の生活	睡眠生活
	美	叡智	強さ

この三つの状態、人間本性のこの三つの異なる段階は、宇宙の過去、現在、未来に関連づけることができます。

肉体の場合については、昨日お話ししました。そのとき申し上げたように、頭部の形成全体は、土星紀、太陽紀、月紀に成し遂げたことと関連があります。肢体としての人間の中には、まだ地上ではまったく完成されずにいる事柄が幾分か形成されつつあります。皆さんは面白がっておいででしたが、金星紀について、こうお話ししましたね。人体の形成が地球紀とはまったく違っている、と。金星紀の人間は、人生の進化のまっ只中で（人間の生命進化の中間で）、頭部を失うだろう、その代わり肢体の人間の中から、別の頭部が再生してくるだろう、と申し上げました。このことは人によっては安易に受けとってしまうかもしれませんが、決して安易なことではない、と昨日申し上げました。肢体の人間は頭になろうとする傾向をもっています。しかし肢体が頭になるのは、人間が地上以外のところで、死から再生までを経過したとき、初めて可能になることなのです。ですから今のところ、私たちはひとつの頭を持っていることで満足していなければなりません。

けれども私たちの肢体は、肉体のまま木星紀、金星紀、ヴルカン星紀を通っていく間、どのようなものになっていくのでしょうか。頭部は土星紀、太陽紀、月紀を暗示し、肢体の人間は木星紀、金星紀、ヴルカン星紀へ向う未来を暗示し、そして律動系の人間は、地球紀の現在を示しています。

表象生活は頭ほどにまで遠く遡って過去を示してはくれません。宇宙における人間は、表象

できるようになる以前にも、まず頭として存在していなければなりませんでした。表象生活は太陽紀と月紀だけを示しています。意志生活は未来を、木星紀と金星紀を示し、そして感情生活は現在に属しています。

さて、霊的なものに目を向けますと、私たちの生活は覚醒生活と睡眠生活とに分かれます。覚醒生活にとっての過去は、月紀の進化にまでしか遡れません。覚醒生活は月紀に用意されました。覚醒生活は、古い月紀進化の霊視表象の遺産なのです。太陽紀には本来の表象生活は、まだ存在していませんでした。睡眠生活は木星紀を示唆しています。こんにち睡眠中にいとなまれているものは、木星紀以後になって初めて、外的な形態をとるようになるのです。そして意志状態は、金星紀以後になって初めて、外的な形態をとるようになります。一方、人間の肢体は、すでにお話ししたように、地球の未来の三つの状態を通して外的な形態を示し続けます。このように人間の体と魂と霊は、宇宙に組み込まれているのです。

頭	表象生活	覚醒生活	睡眠生活	意志生活	肢体人間
土星紀			木星紀	木星紀	木星紀
太陽紀	太陽紀			金星紀	金星紀
月紀	月紀	月紀			ヴルカン星紀

ここでもまた、古代の叡智の意味で、覚醒生活、夢生活、睡眠生活に関して、覚醒生活には美が、夢生活には叡智が、睡眠生活には強さが結びつけられています。私たちは人生のための強さを睡眠から取り出します。太古の叡智は主として生活関連に由来するこういう関係性に支えられていたのです。

さて、三分節化された人間を通して、霊学上の諸問題は、さらに人間生活に適用させることができます。まず精神生活から出発して、次のように問いかけようと思います――人間の外的な生活をはっきりと見通すためには、どうすればよいか。

頭部でいとなまれる内なる表象生活は、外の世界に関連づけることができます。覚醒時の私たちは、外の生活に表象作用を持ち込むのです。外の世界を私たちの表象生活と結びつけることで生じるものはすべて、精神生活の分野に属します。

さらに魂の分野での感情生活によって、しかし霊的には夢生活によって、次のような状況がもたらされます。

夢生活はどのようにして生じるのでしょうか。夢生活は、人間関係の中で生じます。友情、愛情が芽生えるときのことを考えてみて下さい。そのときの私たちは、ピタゴラスの定理を考えるときと同じくらい目覚めているでしょうか。誰かに友情を抱くとき、誰かのために何か役に立ちたいと思うとき、夢生活に較べられるような状態にあるのではないでしょうか。人間関

係の中で感じとれるような感情の中で夢を見るのではないでしょうか。

この夢生活は、社会的な拡がりの中では、法生活として働くこともあります。法生活においても、人間と人間とが関わり合います。人間関係が問題になっています。私たちが誰かを愛するときも、誰かを憎むときも、友情を結ぶときも、誰かが鼻持ちならない（誰かのにおいに耐えられない）ときも、特別の人間関係を見出します。そういう特別の関係がいろいろな状況に応じて、さまざまな仕方で生じますが、この世を生きるときは、どんな人もそういう関係性の中で生きなければなりません。その関係は、政治的、国家的、法的な関係でもあります。その関係を生きるときの私たちは、日常生活における覚醒時のような目覚めた生活に支配されてはいません。むしろ、夢の生活に支配されています。そして、そのときの私たちは、第二の部分、つまり夢生活を外界に生かすことで、法生活をもいとなんでいるのです。

そして、睡眠生活を外界に生かすときには、何が生じるのでしょうか。どうぞ自分の生活を振り返ってみて下さい。空腹のとき、宝石で飾られた金の指環を手に入れたとき、抒情詩集を読みたいと思ったとき、つまり何らかの欲求を持ったときの私たちです。そのときの私たちの欲求は、自分ではない何かによって満たされるのです。

その場合、どうぞ考えてみて下さい。私たちは友情、またはそもそも法的な関係を見通す程度にでも、そのことを見通しているでしょうか。そんなことは、誰にもできません。

私たち一人ひとりは、法に関わるときには、夢の生活をいとなんでいますが、経済の事情は見通すことができません。そのときの私たちは、他の人たちと連携しなければならないのです。ある人にとっては分からないことが、別の人にはよく分かっています。そのときは、まったく無意識の中で進行するものが現れています。一人ひとりの意識は、連携の中では消えています。そのときは一人ひとりが全体を見通すことができず、一人ひとりの意識は連携の意識に沈潜しています。そのときの私たちは、経済生活をいとなんでいるのです。

精神生活は、社会的に目覚めた状態にあります。法生活は、社会的に、夢見た状態にあります。近代の議会は、まさに、一種の夢である「うなされた」状態に支配されているようです。経済生活は、社会的に眠り続ける状態にあります。

私たちの魂のいとなみが、はじめは無意識の中に沈みこんでしまうとき、社会的に、連携の生活の中に愛が浸透しなければならないのです。自由は覚醒時の生活のためのものであり、友愛は社会生活における眠りのためのものです。そして、平等がこの両者の間にあるのです。そこではどんな人も他の人と等しいのです。すべての人が対等な者同士なのですが、その等しさは、覚醒時には消えてしまいます。等しいのは、人生の夢の要素が働くところ、人間と人間との関係性が支配するところだけなのです。

このように人間一人ひとりの生活が社会生活の中に流れ込むのです。ですから本来、社会生活を理解しようとするのでしたら、一人ひとりの人間からこの社会的ないとなみの中へ流れ込むところのものを、はっきりさせておくことが不可欠なのです。

一、精神生活　　社会的に目覚めている
二、法生活　　社会的に夢見ている
三、経済生活　　社会的に眠っている

このようにして一定の観点から人間生活の関連を理解することができるのですが、明日、さらにこの問題を取り上げるつもりです。

しかし、どうぞ考えてみて下さい。こういう事柄は現代人にとって、どのように受けとられているでしょうか。どうぞ考えてみて下さい。現代を生きる人が、まず私の『神智学』を初めて読むとします。この本の内容は、学校で学んだ内容と矛盾しているように思えます。はじめは多分、あまり充実した読後感を持てないでしょう。しかし、その人は先へ進んでいけます。他の私の著書を読み、はじめに読んだ『神智学』の内容がさらに深化されているのを知ります。そして、ひとつの著書が別の著書を支え、新しい関連に目を向けさせ、そうすることで内容そ

のものがより充実したものになっていくことに気づかされるでしょう。またはじめはこう思うかもしれません。そのときにも、『社会問題の核心』から読み始めるかもしれません――「社会有機体と言われているものが三分節化されている、というのがまだ納得できない」。

皆さん、私たちは、ですからこれまで、いろいろな観点に立って、この社会生活が本当に三分節化されている理由、そうでなければならない理由を、繰り返して納得できるものにしようとしてきました。

どうぞ考えて下さい。私たちは、人間そのものから、人間の霊的、魂的な諸状態から、人間のこの霊魂の三分節化から社会の三分節化にまで行きついたのです。繰り返して、ひとつが他をふまえていることを明らかにしようとしてきました。ですからもちろん、この講義でこれまで関連づけてきたものに対しても、さらに多くの別の事柄を付け加えることができることでしょう。そうすればするほど、社会有機体を三分節化する要求を正当だと思えるようになるでしょう。

けれども、今述べた事柄を私たちの同時代人たちの見解と較べてみて下さい。私たちの同時代人たちは、この人智学的霊学を通して近寄ろうとしているものに、しばしばどのような態度で向き合おうとしているでしょうか。そこにどんな事情があるのか、私にはわかりませんし、

特に知りたいわけでもありませんが、最近聞いた話によると、ボース博士がバーゼルの神学者たちのために行った講演の際に——もし話が違っていたら、あとで訂正するつもりですが——私をいつも徹底して攻撃してきた或る人物に、私の講演をこれまで聴いたことがあるのかどうか訊いてみたところ、こういう返事がかえってきたそうです——その人は、一度は聴いたことがある、多分二度だったかもしれない、と答えたそうです。

こういう例は、他にもいろいろあると思います。人びとは、一度講演を聴きにきたり、または一冊の本をのぞき読みしたり、何頁か読んでみたりしようとします。しかし、そういうことで霊学や霊学の観点から見た社会の諸問題を判断できるはずはありません。なぜなら霊学は、そういう人たちが正当だと思っているのとはまったく違う関わり方を求めているのですから。そういう人たちは、自分のところに学びに来る人たちを、可能な限り霊学抜きで教育しています。自分自身をも霊学抜きで教育しています。そして霊学に向き合い、ちょっとだけメモをとるのです。

そんなことでは何も始まりません。霊学は、それが本当に私たちの教育全体に浸透して、その浸透した教育内容がこれまでの数世紀の間に霊性をまったく失ってしまった教育の代わりになるとき初めて、社会のために何かを始めることができるのです。今必要なのは何か、そのことを少くとも自分のために知っていること、それが重要なのです。

今、方々で、あれこれの都合で行われているようですが、一回限りの私の講演に誰かを連れてきてくれても、霊学上の課題のためには決して役に立ってくれません。なぜかというと、そういう場合は、その連れてこられた人を怖気《おじけ》づかせるだけでしょうから。

霊学を役立たせようとするのなら、霊学のために現代の教育全体、生活全体への道を拓くために働くのでなければなりません。もちろん、これは決して容易なことではありませんが、霊学の核心に触れたのなら、私たちのすべてをこの霊学のために賭ける必要があり、それが義務でもあるのです。

私たちのすべてを賭けるという態度は、残念ながら人智学協会の中に生かされてはきませんでした。人びとは人智学徒であると名乗ることに恥しさを感じました。このことを繰り返して思い出さなければなりません。

私たちがどこかで講演会を行おうとするとき、「神智学」とか「人智学」とかという名を用いることは許されません。内容が人智学的であることは許されても、「人智学」と名乗ることは許されません。「人智学運動」も「神智学」もだめなのです。オイリュトミーについても経験してきましたが、オイリュトミーを学校にとり入れようとはしますが、オイリュトミーの由来は語ってはいけないのです。どこかに何かを「そっと組み入れる」のが好きなのです。そっと組み入れること、おもてに立つことに尻込みすることでは、先へ進めません。今は現代の意

向に応じたものが巷にあふれています。そしてそれはみんな、どこかで文化の臆病さをあらわしています。

最近、シュタイナー学校でオイリュトミーを教えているバウマン夫人がスイスの或る女性新聞に、教育手段としてのオイリュトミーについて、とても優れたエッセーを書きました。その文章は印刷されましたが、編集部は人智学という言葉、もしくは私の名の記されたところを注意深くカットしました。こういう事柄が示しているように、現代の人びとは霊的な文化財を用いることはできるのですが、現代という虚偽に充ちた社会の中では、その文化財をただ利用しようとするだけで、現代の必要性に応えてこの文化財を担おうとしている力には見向きもしないのです。

人智学協会そのものが、今述べた「そっと組み入れること」、おもてに立つことに尻込みすることによって、そういう現代の傾向に加担しています。けれども人智学による文化財を知り、事柄が数学的な明瞭さで互いに結び合っているのを見る人なら、事柄そのものから、社会に対して人智学を擁護する側に立とうとする勇気と力を受けとってくれるでしょう。

おもてに立つことに尻込みするときは、社会のために本当に役立つことになりません。おもてに立つ態度は、敵側の人たちから学べることです。敵側の人たちは立場をはっきりさせています。敵に対して自分の立場をはっきりおもてに出していますよね。こういう言い方をすると

き、毎度思い知らされるのですが、やむをえず使わなければならなくなった激しい言葉に対して、まさに私たちの仲間からそれを悪くとられてしまいます。

つい最近も、カイザーリング伯爵のことを、私は「彼は嘘をついた」と言ってしまいましたが、そのことでひどく悪く言われました。カイザーリング伯爵は私のことを、ヘッケルから出た人物だと言ったのですが、彼がゲーテの自然科学論文に対する私の記述を読んでくれさえしたら、私がどこから出たのか分かってくれたはずです。私のゲーテ論でもそのことが見てとれます。ですから、私が人生の中で一度ヘッケルについての小冊子を書いたから、私がヘッケルから出た、と彼が言うのは嘘なのです。内的な関連がカイザーリングのようなまぬけどもには見えないのです。そういう内容空虚な連中が多くの読者にめぐまれています。そういう連中の書いたものを読みふけっても、何も考えなくて済むからです。

こんな言い方をしなければならなくなりましたが、私たちの空間の中でこんなひどい言葉を使うのはどうしようもないからなのです。こんなひどい言葉にまったく共感をもてないからといって、それが愛のなさのせいだ、などとは言わないで下さい。嘘をついて、真実の行く手を遮《さえぎ》る人たちを愛せ、というのでしょうか。問題をこういう観点からも見て下さい。私たちが文書で争うときに、その言い方がきつすぎると思うのでしたら、どうぞ私たちのほうを向かないで、攻撃する相手のほうを向いて下さい。攻撃を仕掛けてくる相手のほうにしっかり向いて下

さるなら、それだけで助けになってくれます。けれども、どうしても必要になってしまった反論の中の若干の言葉だけを取り上げるなら、何の助けにもなってくれません。

第三講

秘儀の復活——霊視・霊聴・霊的合一　一九二〇年一一月二八日

昨日と一昨日、お話ししたことを、もう一度ふりかえってみますと、人間を取り巻く宇宙と人間との間の密接な関係がはっきり見えてきたと思います。私たちは人間の肉体を、頭部系、リズム系、代謝系に従って、宇宙全体に関係づけることができました。同様に魂としての人間、霊としての人間をも、宇宙全体に関係づけることができました。

人間と宇宙との関係、人間が完全に宇宙の中に生きていること、そのことは古代においては、現在の私たちとは違う仕方で受けとられていました。未来になればなおさら、その関係の違いは大きくなるでしょう。

これまで繰り返し述べてきたことですが、古代においては根源の叡智が人間の本能に浸透していました。その叡智は人間の内的な作業によって獲得されたのではなく、半ば夢の中でのように、みずからの中に現れてくるのが感じられていました。人間はそういう根源の叡智を与え

られていました。だから本来、人間のやれることといったら、自分の魂の器官を開いて、宇宙から来る神々の贈りものを受けとるだけで済みました。

人間は三重の構造をもっていますので、この本能的、根元的な叡智の場合にも、人間全体との関係は、三重の仕方で現れていました。人間がこの世の人生の中で誕生以前のものである霊的な働きに注意を向けますと――この働きは本質的に宇宙の拡がりの中で現れるのですが――、そのときの人間は、自分に示されているのは美なのだ、と語りました。美としての宇宙です。そして頭部系、表象系、つまり覚醒状態における人間は、この美の世界から生じたのです。根源の人間はまた、自分の周囲でみずからを開示してくれたのは、善き霊的本性たちだと感じていました。実際、太古の人間は、こんにちの私たちが通常の意識で見るときのような、乾いた、冷たい自然現象など見ていませんでした。太古の人間がいたるところに見ていたのは、開示された霊性、開示された魂の働きでした。それが当時の人間の前に現れたので、太古の人間は、それを「美のコスモス」と呼んだのです。

次いで人間は、みずからの惑星上にいる自分を感じるようになりました。自分が惑星と結びついていると感じました。食べものがこの惑星から与えられ、この惑星の上に自分の立ち位置を見出しました。人間は自分のからだに浸透している力を感じましたが、その力は、魂の中では、意志となって現れ、人間を力づけて、睡眠状態から目覚めさせたのです。

人間はこの力が善き神霊の働きのたまものであると感じ、この力を「強きもの」と呼びました。強き惑星が私の内部に浸透している。――太古の人間は、言葉では正確に表現できませんでしたが、そう感じとっていました。

頭部にまで形成されたもの、表象内容となって形成されたもの、覚醒意識となって輝くもの、そのようなものの中に立っている自分を感じとることができたのです。そして、自分の肢体の中で力となって生きているものは、惑星の上に立つ人間によって、その惑星から伝えられる力として感じられました。石の中に働く力、石が大地に落ちると、地面に穴を開ける力、それと同じ力が道を歩む私の足（骨）の中に生きている。その力が自分の足（骨）を通して私を地球という惑星と結びつけてくれる。それが私の「強さ」だ。その同じ力は、私が働くとき、両手の中にも生きている。その力は私の筋肉にも浸透している。――人間はそう納得していたのです。

ですから人間は、美と強さの両方の中に立っていました。そして上なる美と下なる強さとの間で叡智となって、リズミカルにバランスをとりながら働くことを、自分の使命である、と感じていました。そしてさらに、美と強さのバランスをとりながら、叡智の担い手であり、自分を叡智で輝かせてくれる霊的本性たちに自分が支えられている、とも感じていました。

このように人間は、美と叡智と強さを宇宙から与えられている、と感じていました。太古の

人間にとって、美と叡智と強さは、遥か彼方から輝いてくる秘儀の教えに由来するものでした。この秘儀の教えを通して、人間は全宇宙と結びついている自分を感じ、自分が力づけを受けている、と感じていたのです。自分を取り巻く外なるもの、自分の中に感じとれる内なるもの、そして、この二つの調整、それを人間は美と強さと叡智として感じとっていました。

さまざまな秘密教団の中で叡智と美と強さがスローガンとして伝えられて来ました。しかし、しばしば言葉だけが生き残り、深い理解には欠けていました。実際、今、人類が迎えている時代には、たとえ本能的な受け取り方だったとしても、宇宙との関わりについての今述べたような実感だった理解が、闇の中に沈んでしまっています。

今、人間が生きているのは、低次元の表象や感性の中なのです。人間は、自分の意志衝動を、自分の本性の低次元の諸要素から取り出してきました。かつての人間が美と叡智と強さとして感じとっていたものを忘れてしまったのです。なぜなら人間は自由な存在にならなければならなかったからです。今の時代には、中心となる力がいわば自分の内部の混沌（カオス）から生じるしかありませんでした。太古の人間の光に充ち、力にあふれた本能は影をひそめてしまいました。

しかし、新しい時代の人間は、かつて宇宙から美と叡智と強さとして開示されたものを、ふたたび自分の内部で甦らせなければなりません。そうでなければ、先へ進めません。人類が地

上の人類であり続ける限り、宇宙が外から、美となってみずからを人類に開示することはないでしょう。かつての時代は本能的な根源叡智の時代でしたが、その時代はすでに過去になったのです。かつての時代は、自由な人間の活動する時代ではなく、不自由な本能の中でしか働けない時代でした。そういう時代がまた来ることはありません。かつて外から与えられた叡智と美と強さを、人間は自分の内部でふたたび復活させなければならないのです。

美の力を宇宙から受容し、いわば吸い込んだのは、古い、太古の地上生活でのことでした。それに続く、エジプト期、ギリシア期、そして近代という、地球紀の中間の諸時代においても、この美の力を人びとは吸い込んだのですが、そのことを意識してはいませんでした。

今の人類は、そのことを意識して行うのにふさわしく成熟しています。意識して行うのです。吸い込まれた美の力は、今、人間の内部から立ち現れてくるでしょう。そして霊学は、それを人間の内部から立ち現すための手引きなのです。

美の力は、「霊視」を通して、内部から生じてきます。霊学で言う霊視を通して意識化されるものはすべて、太古の叡智の中に存在した美の復活にほかなりません。そして人間がみずからの惑星の「力」として体験してきたもの、しかも宇宙の力のすべてを含んでいるもの、その力を惑星の中で集中して存在させてきたもの、そのように存在しているもの、そのようなものはすべて「霊的合一」を通して、今、人間はそれを内部から把握することで、ふたたび復活さ

せなければなりません。

宇宙から吐き出された美は、現代に始まる人類の未来にとって、霊視になります。強さは各自の自由な人間力に把握されて、霊的合一になります。そして叡智は「霊聴」になるのです。

ですから、美と叡智と強さが外から与えられる時代は過ぎたのです。叡智と美と強さというスローガンを、その言葉の理解を内的に深めていく努力をしないで、ただ鸚鵡《おうむ》返《がえ》しに繰り返していてはなりません。この言葉の意味を内的に理解したなら、この古くからの言い伝えが霊視、霊聴、霊的合一となって甦らなければならないことが納得できるはずです。霊学を学ぶことによって、この関連が認識そのものの中から見えてくるはずです。

宇宙の秘密が美と叡智と強さの中で開示される時代は過ぎ去りました。今、私たちが迎えようとしている時代においては、宇宙の秘密が霊視と霊聴と霊的合一によって開示されるのです。ただそのためには、この三つの認識の力を得ようと、何らかの仕方で努めなければなりません。霊聴、霊的合一、そして霊視によって獲得されるものは、こんにちであれば、どんな人にも、望みさえすれば理解できるのです。

古い時代は、一種の危険にさらされていました。そして、この危険は、西暦前二千年期の終わり頃、エジプト、中東、インドなど、当時の文明化された世界において、もっとも強力に現れました。その危険は、宇宙から恩寵を通して、当然のように人間に開示されたものを、人間

がもっぱら認識本能の中でのみ受けとるべきであったのに、そのような仕方で受けとらなかったことによるのです。当時の人は、以下のような仕方でこの危険に陥ったのです。

皆さん、ひとつのイメージをつくって下さい。人間を取り巻く自然の中に、こんにちの冷静な意識が自然として受けとっているような、自然法則に従っているものだけが開示されたのではなく、どんな泉からも、どんな雲からも、そういうすべてのものから見てとれる霊的存在たちの壮大な、眼に見える開示を、その途方もない美を、途方もない美的仮象をイメージしてみて下さい。

この紀元前二千年期終わり頃より以前にも、もちろん今述べたすべては存在していましたが、あたりまえのように存在していました。しかし、紀元前二千年期の終わり頃になると、人びとは自分で積極的に関わることで、この恩寵に浴する必要がありました。今の私たちは意識を完全に働かせて、より高次の霊的進化を目ざすのですが、当時の人びとは、自然の中で開示されるこの霊的なものに対して、激しい欲望を抱くことができたのです。あまり良い趣味とはいえませんが、欲望、欲求の力を働かせますと、その人のために、霊的なものが自然の中から姿を現したのです。そしてこの欲求の力、衝動の力の中には、ルツィフェルの強力な力が働いていました。

ご存知の方も多いと思いますが、アトランティス期の人びとにとって、四大霊の存在はあた

りまえのことでした。そしてこのことは、後アトランティス期の見霊者たちにとっても、変わりありませんでした。しかし、人間は次第に四大霊の存在を意識しなくなり、欲求の力が働くときにのみ、自然の諸現象の中から四大霊の存在を呼び出すことができたのです。

このようにしてルツィフェル的な危険が生じました。人間は霊的存在と自分をひとつに結びつけるために、自分をいわば励まし、活気づけることができました。しかしこの励まし方には、どこかルツィフェルの影が宿っていました。ですから、紀元前二千年期末の文化と文明の世界は、強くルツィフェル的に汚染されていたのです。

以前、別の機会にこのルツィフェルによる汚染のことをお話ししたことがあります。そのときは別の諸原因に触れました。しかし今は、今回の三回の講義の立場から考察しようと思っています。

当時のルツィフェルによる世界汚染には、別の、アーリマンによる汚染も関与しています。そしてこのアーリマンによる汚染は、現在まで途方もなく大きな力を行使し続けています。現代の文明化された人間が、今生じているこの事柄を前にして、眠り続けているとすれば、そんな恐ろしいことはありません。

どうぞ考えてみて下さい。今現在、機械の力がどれほど発達しているでしょうか。一度別の観点からこのことに触れたことがありました。それほど昔のことではありませんが、人びとは

筋肉労働を行う代わりに、ボタンをひとつ押すだけで、あとは機械にまかせれば済むようになりました。機械が働くところでは、動力源として、大地から取り出された石炭が使われています。私たちのために働いてくれる機械を動かす力は、石炭が提供してくれているのです。

人間が機械と一緒に働くとき、以前は自分でやらなければならなかったことを、機械にまかせています。機械がやってくれるのです。人間の隣りに機械がいて、以前は人間がやらなければならなかった仕事をやってくれるのです。

人びとは機械の働きを「馬力」で計ります。全体を計るときには、特定の工場での労働を、日々の労働時間をもとに、一頭の馬が一年かかって費やす労働力に従って計るのです。

そこで次のようなことになります。一八七〇年には――これを石炭の消費量で計算するのですが（ドイツ国内で）、私は意図して戦争の年を選びました。まったく意図的にです――、六七〇万馬力年分が当てられました。つまり人間労働のほかに、機械が六七〇万馬力年分働いてくれたのです。これは機械だけで費やした労働力です。一九一二年には、同じくドイツ国内で、機械力だけで七千九〇〇万馬力年が費やされました。

ドイツには、ほぼ七千九〇〇万人が暮しています。ですからドイツ人一人ひとりの横で一頭の馬が一年中働き続けている勘定になります。それだけではありません。どうぞ考えてみて下さい。たった数十年の間に、六七〇万馬力年が七千九〇〇万馬力年に増加したのです。すごい

増え方ですね！

恐ろしい大戦の破局との関係で、今述べたことを考えてみて下さい。同じ一九一二年、フランス、ロシア、ベルギーは合同で三千五〇〇万馬力年を費やしました。大英帝国は九千八〇〇万馬力年費やしました。一八七〇年の戦争は、本質的に人間によって遂行されました。というのは機械力を動員することは、まだできませんでしたから。せいぜい六七〇万馬力年しかありませんでした。数十年間に状況が一変したのです。ドイツでは、今回の大戦では、本質的に、機械と機械が戦い合ったのです。前線で対峙し合うのは、機械なのです。ですから本来、機械による馬力年が戦場に赴いたのです。

状況はこうでした。大英帝国は長い時間をかけて、九千八〇〇万馬力年を動員することができました。ですから、これら諸国の機械力全体の一億三千三〇〇万馬力年がドイツの七千九〇〇万馬力年と対峙したのです。オーストリアが参加したので約九千二〇〇万馬力年がドイツ側に加わりました。今言いました大英帝国は、その馬力年をすぐに農作業から前線へ切り換えることができませんでしたから、はじめはまだバランスがとれていました。

この恐ろしい戦争の破局の中で、本当に対決したのは将軍たちの叡智だったのではなく――将軍たちはもちろん命令し、号令をかけることはできましたが――、本質的な力は前線で衝突を繰り返す馬力年だったのです。この勢力は将軍たちによるのではなく、人間がそれまでに自

然科学から取り出してきたもろもろの発明発見のたまものでした。

この鉄の必然性の結果として、いったい何が生じたのでしょうか。考えてみて下さい。今またさらに、アメリカ合衆国から一億三千九〇〇万馬力年が戦場に送られました。

皆さん、わずか数十年の間に可能となった機械力の成果が、将軍たちの叡智からまったく独立して、世界の運命を決定づけたのです。世界のこの運命、機械力の成果が戦場で繰りひろげるもの、そのことの必然性に対して、人びとは何もなす術《すべ》を知りませんでした。

いったい何があったというのでしょうか。人間は思考を働かせて、機械を作りました。人間はそうすることで、みずからの知性を、自然科学から獲得した知性を、機械の中に組み込みました。いわば知性が人間の頭から飛び出て、周囲の馬力年になってしまったのです。馬力年は今、独立して、自分で働き出しました。非人間的で人間外的な世界が作り出されました。その経過の途方もない速度で、ここ数十年に人間によって生じたこと、現代の文明化された、眠れる人間たちは、そのことについてまともなイメージさえもっていないのです。

先程お話ししたように、西暦前二千年期の終わり頃の人間の周囲は、ルツィフェルの働きで汚染されていました。その時代の人間は、ルツィフェル的な霊的本性たちのために、自分の欲望を充たしていました。その霊的本性たちは人間の外で、自然環境の中で、姿を現していました。自然対象の中に霊的存在が姿を現していたのです。

現在の人間は、物質の中に、機械の中に自分の霊の働きを流し込んでいます。例えばドイツでは、誰もが自分の傍らに人間の知性が作り出した馬をもっています。その馬が自分の傍らで労働してくれているのです。そして、その馬こそが機械力なのです。

この馬は人間から分離しています。ちょうど、かつて四大の霊が人間から分離していたようにです。でも、もちろん違った意味において、です。かつて四大の霊が現れたのは、人間がみずからのルツィフェル的な力を自然に向けたからですが、現代の人間は、みずからのアーリマン的な力を機械に向けています。現代の人間は、力をアーリマン化し、機械化しています。

私たちはアーリマン的な汚染の時代を生きているのです。人びとは自分が今、世界から身を引いて、自分の知性だけを世界に結びつけ、世界と一体化させることで、自分の傍らに自立したひとつの世界をつくり出しています。けれども、そのことに自分では気づいていません。

そして一九一四年以来、悪魔的な一大実験が始まりました。一方のアーリマン的本性がもう一方のアーリマン的本性に打撃を与えていたのです。ほとんど世界の全土にわたって、アーリマンによる戦争が行われました。人間と並んで存在する機械の中にひとつの新しいアーリマン的世界をつくり上げたことによって、戦争がアーリマン化したのです。

本当に一つの新しいアーリマン的世界が出現しました。どうぞ、数だけを取り上げてみて下さい。非人間的な機械力が六七〇〇万馬力年から七千九〇〇〇万馬力年へ、わずか数十年の間に、

飛躍的に増加しました。アーリマンがこの数十年間にどれほど急速に巨大化したか、その事情は、ドイツ以外の国々でも変わりありません。

ここで、こう問いかけてみたいのです。人間は自分の意志、自分の内発力をまったく失ってしまっても平気なのだろうか。そもそも人間は、実際のところ、アーリマンの働き以外の何ものでもないような、馬力年で計算できるような事柄に従事するだけで済むのだろうか。それと対立するような事柄が必要なのではないだろうか。

フェルディナン・フォッシュ（フランスの将軍）、エーリヒ・ルーデンドルフ（ドイツの将軍）、ダグラス・ヘイグ（イギリスの将軍）が時代状況に通じている人の関心をひくのは、道徳的立場からだけなのです。石炭に由来する力、最前線で激突し合う力、機械工場から、ここ数年来の発明発見の成果によって前線へ送り込まれる力、何が起こるかを単純な計算によって予測できる力、そういう力がそういう人の関心を引くのは、まったくこの世の現実だけの立場に立つときなのです。

世界のアーリマン化のプロセスは、単純な計算で分かります。そこでの人間は何をすればいいのでしょうか。馬鹿な顔をして、その横に立っていればいいのです。その人が力のこれまで以上に複雑な結合を見つけ出すときには、結局はその人ではなく、その人の機械が問題を解決してくれるのですから。

このアーリマン化は、世界のルツィフェル化の対《つい》をなすものです。世界のルツィフェル化については、先程お話ししましたが、現代における世界のアーリマン化こそ、今私たちが直面しているものなのです。そして、このことこそ人間が今、内面から創造行為を行わなければならない必然を証明するための、何よりの証しなのではないでしょうか。このアーリマン化を抑えることはできませんし、抑えるべきでもありません。そうでないと、私たちは新しい機械が登場するたびに、一八三九年のニュルンベルクの医師会議や鉄道敷設前のベルリンの郵政大臣のような態度をとることになってしまいます。この大臣はこう語ったのです――「ベルリンからポツダムまで鉄道を通すことになった。おかげで毎週二度、郵便馬車を走らせているのに、誰も乗ってくれない」。

機械化をやめさせることはできません。文化がこの意味で前進していくのですから。文化がアーリマン化を求めているのです。けれどもこの文化の傍らに、人間の内面からの働きがなければならないのです。その働きは、人間の内面から、さらに叡智と美と力つまり強さとを、霊視、霊聴、霊的合一の中で産み出します。そのとき立ち現れる世界は、機械ではない、人間の世界なのです。その世界は霊として、魂として私たちの前に立っています。一方、外ではアーリマン的機械力が働いているのです。

霊視と霊聴と霊的合一から立ち昇ってくる諸力は、いつもは人間のまわりで、アーリマン化

のすざまじいテンポで、人間を圧倒しているものを統禦する力をもっています。霊視から、霊聴から、霊的合一から生じる力は、世界の機械化によってもたらされるどんな馬力年よりも強力なのです。

けれども、もしも人間が、人間認識の目標であるべき霊界の啓示という対抗力を自分の内に見出せなかったら、この機械化の力が人間を圧倒してしまうでしょう。

霊学によって霊視、霊聴、霊的合一の認識を求める行為は、なんらかの発明、抽象的理想、単なるスローガンではありません。そうではなく、人類進化の歩みの中から必然的に生じた、誰にとっても大切な行為です。

人間は、アーリマン化された世界の中で、計算可能な馬力という、自分が創造した非人間的なるものに圧倒され、支配されようとしています。人間に外から叡智と美と強さが与えられていた頃は、まだ人間の周りのアーリマン化されていない世界を人間はただありがたく受容することができました。恩寵によって受容できました。地上を生きる人間は、せいぜい火力により、もしくは単純な機械、道具によって、生活上の要求を充たしていました。

しかし、一九世紀の後半の頃から私たちは新しい世界を手に入れました。それはひとつの強力な新しい地層となって地球を覆っています。すべての地層、洪積世、沖積世の地層に、いま機械力をもったアーリマン層が加わりました。そしてそれが硬い外皮のように地上を覆ってい

ます。

ですから、もしも人間が霊視、霊聴、霊的合一に由来するあの霊界を外の世界の中に組み入れなかったら、人間を圧倒するものに直面せざるをえないのです。しかし今、霊学による文化、文明の必要性を示唆する強い衝動が、世界の歩みを認識することから生じます。この必要性は誰の眼にも見えているはずです。

実際、恐ろしいことではないでしょうか。人間の傍らで、すざまじい速さで、この、いわば超地質学的とも言える地層が、新しい硬い外皮となって覆い始めているのに、こんにちの多くの人たちは、まだ今まで通りの考え方を続けているのです。例えばドイツでは、毎年六千七〇〇万馬力年分しか機械による生産がなされていなかったときと同じ考え方をしています。

考えてみて下さい。世界の歩みはそもそも何によって可能なのでしょうか。現実に何が今起きているのでしょうか。人はそういうことを考えていません。そうでなかったら、今生じている現実を認識することで、過去の時代に「美と叡智と力」と呼ばれたものを、人間は今新たに受容するための形式を見つけ出さなければならない、と真剣に考えないわけにはいかなくなるはずです。この美と叡智と力は、人格の進歩の過程で、今は霊視、霊聴、霊的合一と呼ばれなければなりません。

今、私たちはアーリマンに汚染された世界と向き合っているのです。これまで何度も言いま

したが、私は「過渡期」という言葉を安易に使うつもりはありません。なぜなら基本的にどの時代も過渡期なのですから。でも、一九世紀の最後の三分の一の時代以来、アーリマン主義のような特別の衝動が急速に影響を及ぼしています。こんな時代はめったにありません。中部ヨーロッパの大部分にとって、今の時代に直接先行しているビーダーマイヤー時代は、ここ数十年間に生じた事柄とは較べものになりません。

私たちは、今生じているさまざまな出来事をまったく重く受けとらなければなりません。そして、次のことを真剣に感じとらなければなりません。

一八七〇／七一年の中部ヨーロッパで生じた戦争に眼を向けて下さい。あの事件のことは、書物でも概観できますし、イメージで辿ることもできます。でも考えてみて下さい。私たちはいつでも、ここ数年間の出来事を思い出すときも、一八七〇／七一年の戦争を考えるときも、同じ仕方で考えようとしているのではないでしょうか。私たちは六七〇万馬力年しかなかったときと同じように思考しているのです。人間の仕事とは別に、七千九〇〇万馬力年が働いているときは、別の仕方で考えなければならないとは、思ってもみないのです。

しかしこのことは、まったく違った思考をするように求めているのです。霊学を用いなければ、これらの（一九世紀七〇年代と現代の）出来事に由来する謎は解けません。外的な科学によって世界を機械化するのであればあるほど、自分の内部からかつての叡智をひとつの内的な科

学として生じさせなければなりません。この科学なら、人間を完全に支配しているものを、自分の支配下におく力をもつことができるでしょう。

自由と愛、
世界の出来事にとってのその意味

（『宇宙の霊性と人間の物質性を結ぶかけ橋』から第10～12講）

ドルナハにて

1920年12月17日～19日

Die Brücke zwischen der Weltgeistigkeit und dem Physischen des Menschen

第一講

人体組織としての液体・気体・熱

一九二〇年一二月一七日

今日は新しい観点からお話するつもりですが、多分皆さんには縁遠い話のように見えるかもしれません。けれども、これまで取り上げてきた問題との関連で、大切な内容になるはずです。

これまで私たちは人間を認識するのに必要なさまざまな構成要素を取り上げて、それら相互の関連づけを行ってきました。そして人間を、一方で大宇宙の営みの中に、他方では社会生活の中に組み入れようとしてきました。今日はあらためて、人間の本性を理解するのに役立つ、いくつかの大切な事柄に眼を向けようと思います。

こんにちの科学の立場で人間を考察しますと、基本的に人間本性の一定の部分だけを考察することになってしまいます。人間が肉体以外にも、もっと高次の本性部分をもっているのを、まったく顧慮していない結果なのですが、けれども今日は、そのことから離れたところからの考察をするつもりです。

今日、問題にしたいのは、多かれ少かれ科学研究の立場からも是認されているだけでなく、すでに世間常識の範囲内に置かれているような問題なのです。

一般に私たちは、なんらかの意味での固体組織、並びに固体と結びついた液体部分だけを身体組織であると考えています。たしかに気体も人間の中に入ったり、出たりしていますが、そういう気体そのものを人体組織の一部であるとは思っていません。同様に身体内の熱も、その熱が周囲の熱より高いとしても、その体温を、身体の状態であるとは思っていても、人体組織の一部であるとは思っていません。

わざわざこういうことを申し上げて、いったい何が言いたいのかは、すぐに詳しくお話しいたします。

前に一度お話ししたことなのですが、脊髄管を通る脳水の上下運動に眼を向けますと、呼吸によって規則的な振幅運動、脳水の振動が下から上へ、上から下へ行われていること、脳水が息を吸うときに上へ押し上げられて、いわば脳組織にぶつかり、息を吐くときにはふたたび下へ沈みこむのを見てとることができます。しかし私たちは、人体組織の液体成分の中で生じるこういう事柄を、組織そのものの特性であるとは見ていないのです。人体が多かれ少かれ、固体か、それともせいぜい固体プラス液体の成分から成り立っていると思っているからです。

このことを図式化すると、こうなります［図8］。――これが主として固体成分から成り立っ

ている骨その他の部分です。私たちは人体を、いわば骨格の上に組み立てられた組織［図Iの白］だと思っています。その他の部分、脳水のような液体部分や気体部分は、解剖学や生理学の分野では、人体組織そのものだとは思っていません。

むしろ、こう思っています。――人間は空気を吸い込む。空気は体内で一定の道を通っていく。空気はそうすることで仕事を終えると、ふたたび外に吐き出される、と。体温について語るときにも、基本的には組織体としての固体部分の状態だと見ています。だからこの固体または骨組み以外に、液体部分が、つまり液体性とでも言うべきもの［図Iの青］があるのに気がつかないのです。さらに人体のいたるところに空気が浸透して［図IIの赤］いるのを、そして人体のどんなところにも、熱状態［図IIIの黄／口絵3］があるのを見ようとはしません。

しかし、正確に観察しようとすれば、固体もしくは固体

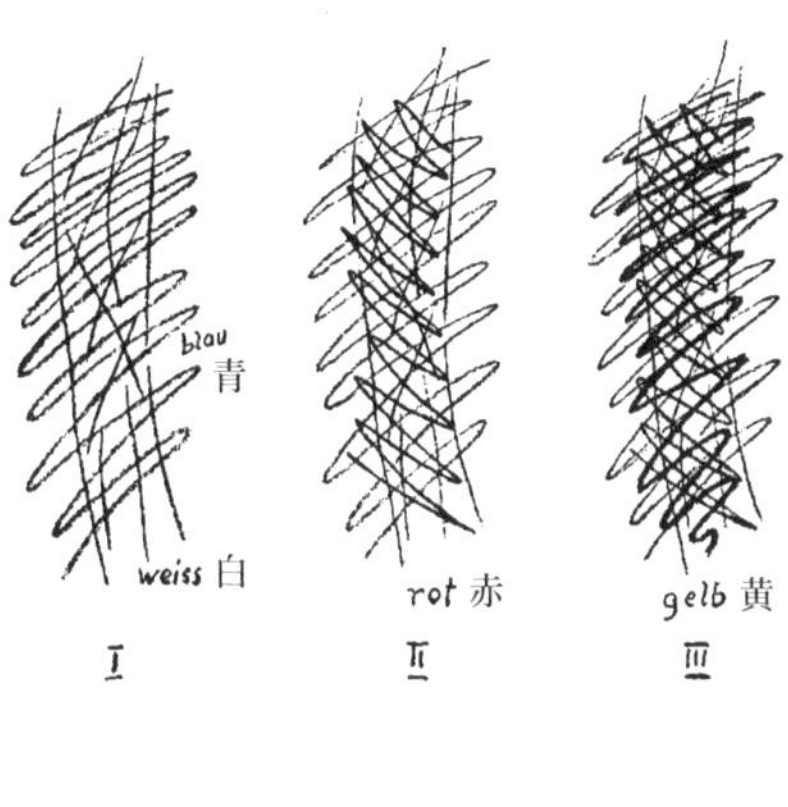

［図8］

的・液体的なものは、人体組織の全部ではなく、その一部なのです。人体内の液体そのものも、どうでもよい液体部分なのではなく、流動する独自の組織体なのです。液体組織も固体組織と同じくらい大切な意味があるのです。

ですから、固体の人体と並んで液体の人体も大切ですし、さらに気体の人体にも注目しなければなりません。実際、私たちの体内にある空気は、成分として、まさに生体の一部なのです。固体の人体が生体であるのと同じように、この人体も生体なのです。気体として働いていてもです。

そして最後に、体内の熱も、一様に広がる熱空間のようなものなのではなく、固体状、液体状、気体状のものと同じように、精妙な仕方で組織されている生体なのです。

しかも、私たちが流動する生体として、固体の生体と同じように、同じ空間を充たしている液体組織について語るのでしたら、現在の地上に生きている人間である限り、この液体組織に浸透して力を与えるエーテル体を顧慮することなしには語れません。

物質的な組織体は、はじめはそれ自身、独自の存在として、肉体として存在しています。その肉体を完全な組織体として考察するとき、はじめは固体状の組織体として、本来の肉体として考察しています。

次に、第二に流動する液体の組織体を考察します。もちろんこの組織体は、固体の組織体の

ようには考察できません。外科用のメスで調べることはできません。動的な生体として、流動体として考察することになりますが、そのときの私たちは、この生体がエーテル体に貫かれたものとして考察するのでなければならないのです。

第三に私たちは空気状の生体をもっています。私たちはこの生体を、アストラル体に貫かれていると考えるのでなければ考察できません。

そして、第四に熱の生体ですが、この生体はまったく別のものとして存在しています。この生体は、自我に貫かれていると見るのでなければ、考察できないのです。ですからこんにちの人間は、地上の人間として、以下のように図式化することができます［口絵3］。

物質上の生体としての肉体

より詳しく考察すれば

1	固体状の生体	肉体
2	液体状の生体	エーテル体
3	空気状の生体	アストラル体
4	熱の生体	自我

この分類に従えば、例えば血液を考察するとき、血液の中に血液を貫いているエーテル体が存在しているのです。肉体の主要部分が本質的に液状である限りは、液状の生体である限りは、です。

しかし、それ以外にこの血液の中には、熱状態とでも呼べるものも含まれています。熱は液状の血液組織とは一致していません。熱の組織を調べてみると――そのためには、物質的な方法も必要なのですが――、人体のどんな部分にも認められる熱状態が、液状の組織やその他の組織とは一致していないことが確かめられます。

さて、こういう仕方で人間を考察しますと、肉体の考察に留まってはいられなくなります。固定された人体だけなら、皮膚によって外から閉ざされた存在でいられるのですが、その場合にも、閉ざされているのは、見かけだけのことなのです。なぜなら、まとまった固いかたまりのように見える人体も、さまざまに分化され、相互にさまざまな関係をもっているのですから。例えば、すぐに分かる例をあげれば、人体のさまざまな部分は、それぞれ重さが違います。人体の各部分が違った重さを示していることだけからも、人間に違った仕方で負担をかけていることが分かります。つまり、それによって人間は、地球全体と関係しているのです。とはいえ、いずれにせよ、外から見る限り、この身体組織は空間的に区別することが可能です。

エーテル体に貫かれた第二の液状の組織体になると、すでに事情が変わってきます。この流

動的な組織は、厳密な意味では、もはや環境から切り離されていません。なんらかの空間部分の液体は、周囲の液体に隣接しています。そして、大気の中で液体が薄められた状態で存在しているときも、人体内部の液体と人体外の液体との間に、固体の場合のようにはっきりした区切りをつけることができません。人体内の液体と外部の液体との間の区別は、ぼやけています。

アストラル体に貫かれた空気状の成分の場合は、この内と外の区別がさらに顕著にぼやけています。ある時点で私たちの体内の空気は、そのすぐ前には外にありました。そしてすぐあとになると、ふたたび外にいます。私たちは空気を吸ったり、吐いたりしています。地球を取り巻く大気として存在しているものが、今私たちの内部に入り込み、そしてすぐ、ふたたび外に出ていくのです。しかし、私たちの内部に入り込んだ外なる空気は、私たちの生体の一部になっています。

私たちは空気組織の中に独自の生体をもっているのです。その生体は、地球を取り巻く大気から生じ、そしてふたたび大気の中に戻っていきます。息を吸うごとに、私たちの内部で何かが合成されます。少くとも息を吸うと、合成を生じさせます。同様に息を吐くごとに、分解が、少くとも部分的な分解が生じます。

ですから、私たちの空気状の生体は、呼吸するたびに変化するのです。新しく生まれるのではありませんが、息を吸うときも、吐くときも、変化するのです。この空気状の生体は、呼吸

するたびに、もちろん死ぬのではなく、変化するだけなのですが、私たちの内なる空気状の生体と外気との間に、絶えざる相互作用を生じさせているのです。

通常、私たちが人体組織として考えているものは、空気状の生体が実際、固体の生体との相違が微妙であることを考えようとしないので、そう考えているだけのことです。

このことはさらに高次の意味で、私たちの熱の生体に当てはまります。唯物論的＝機械論的な意味で考察するのでしたら、液体状の生体、空気状の生体、熱の生体ではなく、固体状の生体だけを考察の対象にしようとしますが、人間を熱の生体、空気の生体、水の生体、地の生体に分節化するのでなければ、人間を本当に認識することはできません。

熱の生体の中で生きているのは、主として自我です。自我とは、私たちが内に担っている熱をおのずから力づけ、支配し、そして形体化するところの霊の組織のことです。外的に区別できるように形体化するだけでなく、内的にも形体化するのです。熱に対する自我のこの直接作用に注意するのでなければ、魂とは何かが分かりません。自我というのは、何をおいても、意志を発動し、意志に衝動を与えるもののことなのですから。

どのようにして自我は意志に衝動を与えるのでしょうか。私たちは別の観点から答えることができます。すなわち、意志衝動は大地の働きと関連しているのです。大地以外のものと関連している思考衝動、表象衝動とは反対に、大地の働きとです。けれども自我が意志衝動と一緒

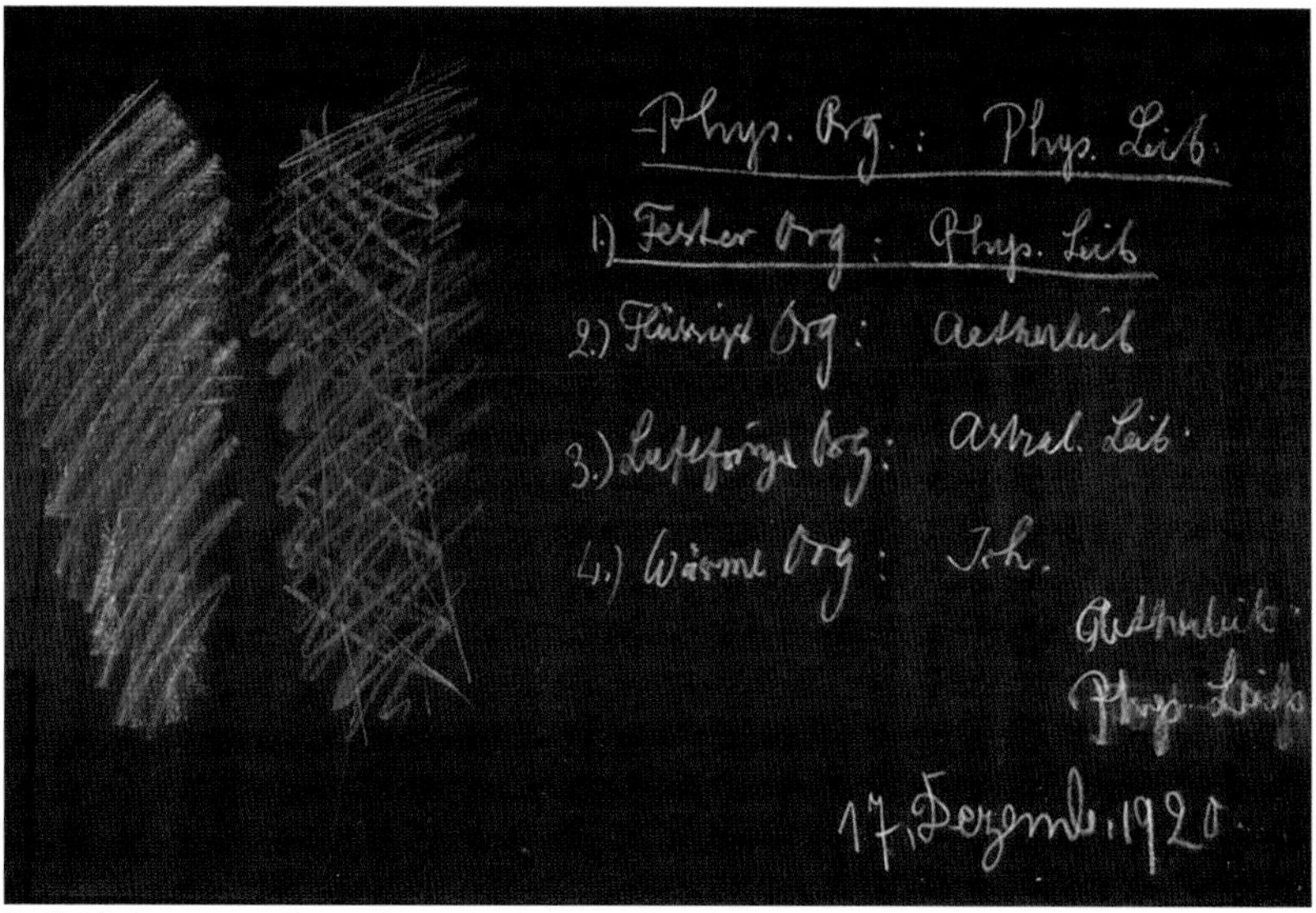

［口絵３］右：153頁の「まとめ」の図式、左：159頁［図９］（左）と151頁［図８］（右）。
ここでの図８は、まずⅠを描き、その上にⅡ、Ⅲを書き加えている。

［口絵４］上：161頁の「関連」図式、下：167頁［図10］（右）と171頁［図11］（左）

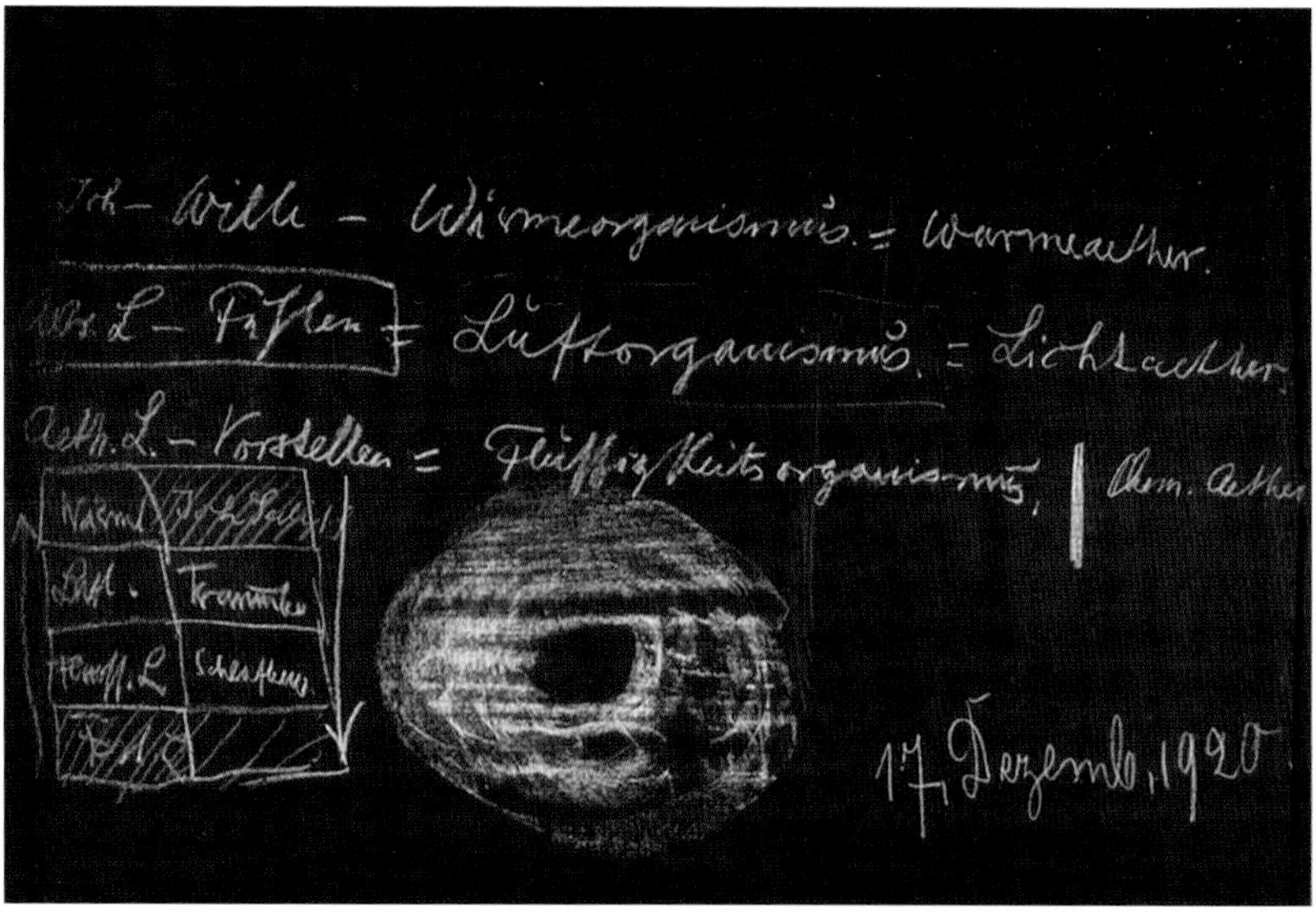

に働いているというのなら、いったい自我はこの意志衝動を生体の中へ、人間本性全体の中へ送り込むために、いったいどんな手段をもっているのでしょうか。

その手段とは、意志がまず人間の熱生体に作用を及ぼすことです（図9、一六〇頁参照）。自我が意志衝動をもつことによって、この意志衝動はまず人間の熱生体に働きかけます。もちろん、現在の大地の働きの下では、私が今述べようとすることが具体的な現実の中に現れる可能性はありません。でも私たちはそのことを人間の中に本質的に存在するものとして見てとることはできます。皮膚によって限定された空間の中に生体が固体として存在しているとは考えなければ、そのことを見てとることができます。

固体状の生体を度外視し、液体状の生体を度外視し、そして空気状の生体をも度外視すれば、そのときの私たちの空間は、熱で充たされます。もちろん、外の熱と関連した熱で、です。そして、この熱の中で熱を流れにし、内なる動きにしているもの、つまり熱を生体にしているもの、それが自我なのです。

一方、人間のアストラル体とは、自分の中に感情のすべての力を担っているもののことです。感情の力は、人間の根底に存する空気の生体の中で、この感情の力を物質的に有効な働きにするアストラル体の中で生きているのです。

ですから、人間が地上の人間として生きているとき、人間の自我は熱の生体を通して、意志

の本性を生じさせています。アストラル体がみずからの感情体験を地上の人体組織の中に生かすとき、その働きは空気の生体となって現れます。そして、さらにエーテル生命体、エーテル体は、自分の中に本来の表象活動を含んでいます。もちろんこの場合の表象はイメージとして意識されています。肉体も意識にとって大切ですが、肉体はイメージを物質に即して表象するのです。一方、エーテル体は像としての本来の表象を含んでいます。そして、この表象は液状の生体に作用するのです。

このことから分かるように、人間におけるこれら個別の生体たちを考察することで、魂の本質に迫ることができます。固体の枠組みに留まろうとする唯物論的な考察方法は、水は有機化されるはずはない、と当然のように語るのですが――でも水は、生体の中では、当然有機化されています――、唯物論的な考察方法は、魂の問題にはまったく無理解のまま、人体に対応しなければなりません。なぜなら、まさに魂は、肉体とは別の生命体の中に直接存在しているのですから。そして、本来の固体状の生体は、基本的に、はっきり申し上げるのですが、他の諸生体のための支持体になっているだけなのです。固体状の生体は、骨、筋肉その他から成る支持構造のようなものなのです。そして、この支持構造の中に、流動する、分化した液状の生体が組み込まれ、そしてエーテル体がこの液状生体の中で働いています。そして、この流動する生体の中で、思考内容が産み出されるのです。

どのようにして産み出されるのでしょうか。この流動する生体の中で、私たちが外界において音響として知っているものが変容して現れることによって産み出されるのです。

音響は、人間の考察の仕方を非常に惑わしています。私たちが普通この世で音を聴くとき、空気がその音の担い手になっています。音は本来、空気の中で働いているのですけれども、空気はこの音の単なる仲介者であるにすぎません。ですから、音の本質を空気の振動が生み出していると思う人は、こう語る人と変わりありません――「人間は肉体組織だけの存在だ。魂など、その中で生きて働いているはずはない」。

空気の振動を音の本質だと思う人は、人間の中に肉体の組織だけを見て、その中に魂の働きを見ない人のようです。空気は本来、外のあらわれにすぎないのです。空気の中で音として生きているものは、本質的に、エーテル元素なのです。私たちが空気の中に聴く音は、私たちが音エーテルもしくは化学エーテルを空気に浸透させたことによって生じるのです［図9／口絵3］。

音エーテルが空気に浸透することによって、このエーテルは、自分の中に生きているものを空気に分かち与え、そして私たちが音と呼ぶものが私たちの知覚のために生じるのです。

［図9］

この音エーテルは、同時に化学エーテルでもあるのですが、そのことについては、別の機会に詳しくお話しするつもりです。

さて、この音エーテルは、本質的に、私たちの液体状の生体の中で働いています。ですから、はっきりさせておく必要があるのですが、私たちの液体状の生体の中には、私たち自身のエーテル体が生きているのです。そしてそれだけではなく、あらゆる側面から、音の根底に存する音エーテルが、このエーテル体の中に流れ込んでいるのです。

どうぞはっきり分けて考えてみて下さい。私たちは自分の中にエーテル体をもっています。私たちのこのエーテル体は、思考内容を生み出しながら、私たちの液体状の生体の中で働き、作用しています。しかも、この液体状の生体の中には、化学エーテルが絶えず入ったり、出たりしているのです。ですから、私たちの生体を考察すると、化学エーテル、熱エーテル、光エーテル、生命エーテルから成るひとつのまとまったエーテル生体を見出しますが、私たちはそれ以外に、まったく特別に、液状体の中に入ったり出たりしている化学エーテルを見出すのです。

感情となって現れるアストラル体は、空気状の生体を通して生きています。けれどもこの空気状の生体に対しては、特に空気に浸透している別の種類のエーテル、つまり光エーテルが特別な親和性をもって結びついています。

ですから以前の世界観においては、四方に拡がる物質としての空気と、その空気に浸透している光エーテルとのこの親和性に、いつも特別の注意が向けられていました。

まさに空気に担われたこの光エーテルは、本来、音よりももっと空気に親和しており、私たちの空気状の生体の中に特別に浸透して、そして私たちの空気状の生体の中に入ったり出たりするものの基礎になっています。ですから、私たちのアストラル体は、みずからの中で感情を体験していますが、空気状の生体の中で特に活発にそれを体験しています。そしてその際、特に光エーテルと絶えず交流し合っているのです。

さらに、私たちは人間自我をもっていますが、この人間自我は、意志を通して熱生体の中で働いているだけではなく、熱生体の中に入ったり、出たりする外なる熱エーテルとも深い結びつきをもっているのです。

したがって次のような関連が生じます［口絵4］。

自我　―　意志　―　熱生体　―　熱エーテル
アストラル体　―　感情　―　空気状の生体　―　光エーテル
エーテル体　―　表象　―　液状の生体　―　化学エーテル

そこで考えてみて下さい。エーテル体は眠っているときも、私たちの中に留まっています。眠ってから目覚めるまでの間も、です。そしてその間、眠ってから目覚めるまでの間も、液状の生体を通して、絶えず私たちの生体の内部で、化学エーテルとエーテル体との相互作用を生じさせています。

アストラル体と感情との関係は違います。アストラル体は、眠ってから目覚めるまでの間、人間の生体の外にいます。感情を伴ったアストラル体は、空気の生体に作用するのではなく、空気の生体が環境世界の全体と結びついているので、この外の世界の中で、みずからの存在を保っているのです。

睡眠中は人間そのものが、感情を伴ったみずからのアストラル体とともに肉体の外へ出て行きます。そして、肉体の外で光エーテルと結びついた宇宙の中に入っていくのです。

覚醒時の人間は、空気状の生体であるアストラル体と結びついて直接生きています。自我と熱の生体に関しても、同じことが言えます。

以上のことから分かるように、人間と環境世界との関係を理解するには、通常の機械論的な考察ではまったく見えてこない、人間のこの分節化に眼を向けなければならないのです。

さて、人間の中では、このようにすべてが浸透し合っています。自我は熱の生体、空気の生体、液状の生体、固体の生体にも浸透することによって、それらの生体を相互に浸透させてい

ます。ですから熱生体は、空気生体の中にも生き、自我の力づけを得て、さらに液状生体にも生きています。

このことは、例えば血液循環の中に自我の作用を求めるときの道筋でもあります。血液循環における自我の作用の仕方は、熱生体による廻り道を通って作用するのですが、そのときの自我は、意志を熱から空気を通って液体にまで送り込んでいます。

このように生体におけるすべては、互いに作用し合っています。私たちが一般的、抽象的に、表象内容同士の相互作用を知っているだけでは、自分に十分対応できていません。人間存在が分節化されており、人間の周囲のすべてが人間の生命活動に参加している、ということを私たちが具体的にイメージできたとき初めて、しっかり自分に向き合うことができるようになるのです。

それだけでなく、人体の分節化を正しく観察するときにのみ、自分の睡眠状態についても、しっかり対応できるようになります。どうぞ考えてみて下さい。睡眠時においては、肉体とエーテル体だけが覚醒時と同じ状態で存在し、自我とアストラル体は外に出ています。ですから睡眠時の人間の場合は、肉体とエーテル体だけが生体内に存在していることによって、その肉体とエーテル体は、空気状の生体と熱生体からも作用を受けることができるのです。

覚醒時の私たちは、以上に述べたことからも分かるように、自我とアストラル体とそして生

体全体との間の関連を意識して体験できます。そして睡眠時の私たちは、自我とアストラル体を外にもっているにもかかわらず、そのときの生体は、固体と、液状の生体と、アストラル体の作用を受けた空気の生体と、自我を作用させている熱生体という、四つの生体の働きを自分の中に維持しています。

睡眠時の私たちは、これら四元素を内に持っているのです。そしてこれらは、覚醒時の自我とアストラル体が生体内で有機的に作用しているのと同じように、睡眠時の生体内で有機的に作用しています。

睡眠時の私たちは、私たちの自我の代わりに、いつもは宇宙に浸透している霊を内部に抱いています。覚醒時の私たちは、この霊を私たちの自我によって外に追い出しています。その霊の一部分である自我によってです。睡眠時の私たちは、熱の生体を宇宙霊に浸透させ、私たちの空気の生体を宇宙魂、もしくは宇宙アストラル性に浸透させています。そして目覚めているときは、それらの霊の働きを外に追い出しているのです。

私たちはこういう観点からも、覚醒と睡眠を考察できるのです。睡眠中は宇宙の霊性が私たちの熱の生体に浸透しています。その宇宙の霊性は、覚醒時になると、自我によって追い出されます。その霊性の一部分である自我によってです。なぜなら、目覚めてから眠るまでは、睡眠時に熱生体の中で宇宙の霊性によって行われていることを、自我が行っているのですから。

同じように、私たちは、目が覚めると、宇宙のアストラル性を追い出すのです。しかし眠ると、ふたたび私たちの生体における活動を、この宇宙のアストラル性に委ねます。

ですから、こう言えるのです。睡眠中の私たちは、からだから離れることで、私たちの熱の生体の中へ宇宙の霊を引き入れ、私たちの空気状の生体の中へ宇宙の魂、宇宙のアストラル性を引き入れるのだ、と。

こうして私たちは、捉われずに観察するなら、人間と周囲の物質界との関係を理解するだけでなく、宇宙の霊性、宇宙の有情化もしくは宇宙のアストラル性と人間との関係も理解するようになります。目覚めると、人間の生体の中に自我とアストラル体が組み込まれますが、その自我とアストラル体が宇宙の霊性、宇宙の有情化、宇宙のアストラル性を、生体の外へ追い出すのです。

以上は一方の側から事柄を考察した場合です。認識の立場から見ると、覚醒時と睡眠時の両方が互いに組み合わさっているのが分かります。通常、私たちは覚醒時に知覚によって体験したもの、その知覚を概念的に整理したものだけを認識と呼んでいます。けれどもそうすることでは、人間の物質環境を知ることができるだけなのです。

たしかに私たちは、さまざまな空想のとりこになるのでなければ、夢のイメージの中に直接本質的なものが開示されているとは思っていません。覚醒時の表象と知覚を体験するときと同

じ仕方で夢の中に認識を求めようとしていないからです。

けれども身体上のことでも、夢はひとつの認識であると言えます。つまり夢は、特別の仕方での肉体上の自己認識なのです。例えば、目が覚めたとき、夢の中で暖房が利きすぎて、その熱さに我慢できずにいたのを思い出すとします。そして目が覚めたとき、からだがかっかしていたとします。そういう仕方で私たちは自分の内なる状態を夢見ることがあるのです。他にも、そういう仕方で夢が体験されることがあります。蛇の夢を見たとき、なんらかの仕方で腸に異常があったとか、洞窟の中に入っていかなければならない夢を見たとき、目が覚めたら頭痛がしていたとか、です。

暗い、不確かなやり方ではありますが、夢は人間の内なる本性のいとなみを示唆しています。そういうとき、私たちは夢が或る種の情報を伝えてくれる、と言うことができます。特に感受性の鋭い人の場合、夢の中に自分の生体が非常に正確に映し出されることがあります。深い眠り、夢のない眠りの場合、一般には認識するものが何もない、と思われています。私たちは認識を問題にするとき、夢のない眠りはまったく意味がない、と思っています。しかし、そんなことはありません。

夢のない眠りも、その認識上の課題をもっているのです。もちろんその眠っている人にとっての個人的な課題ではありますが。もし私たちが眠ることができず、眠りが絶えずさまたげら

れているとしたら、私たちははっきりした自我の表象がもてなくなり、はっきりした内面生活をもてなくなってしまいます。ずっと外のことしか体験しなくなり、まったく外の中でしか生きられなくなってしまうのです。人がこのことを十分意識していないのは、自分の体験する事柄を魂的、生命的に、本当に捉われずに注目したことがないからなのです。

私たちは過去をふり返るとき、自分の体験したことを思い出せるはじめのところまで遡っていきます。けれども、この現在から過去への流れ全体は、毎夜、眠りによって中断されます。私たちは思い出を遡るとき、この眠りのことを放っておきます。毎夜、記憶の流れを眠りによって中断されていることを考えずにいます。

眠りによって記憶の流れが中断されるということは、もちろん無意識にですが、充実した体験と並んで、無の中に眼を向けることをも可能にしてくれます。

黒板のここに白く円を描き、そして中央は黒い部分を残しておくとします。ここは白く、そして中央は黒く見えます。この黒い部分は、白に較べますと、無でしかないのです。［図10／口絵4］

このことが当っているか、いないかは、今この瞬間にはどうでもいいのです。私たちはこの黒い部分を眼で見、この白く塗られた部分の中央だけが黒抜きされていると思います。しかし、そこから積

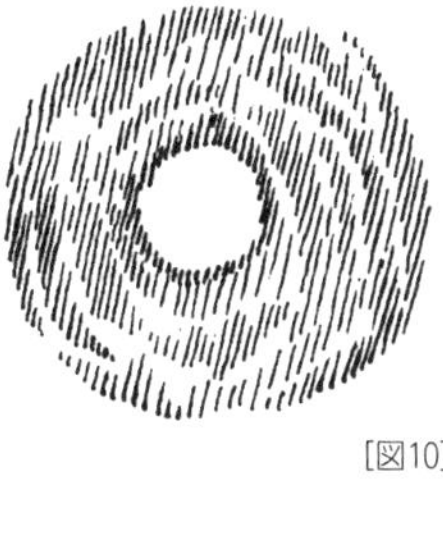

［図10］

極的な印象を受けとることもできます。たとえその印象が白く塗られた部分の印象と一致しなくても、です。

黒い部分も同じように積極的な印象を与えます。ですから、この黒い分野もひとつの積極的な体験なのです。たとえ私たちが回顧するときのその回顧の中では、私たちが眠っていたときのことから何も影響を受けずにいるとしてもです。

私たちが夢を見ないで眠り通したときのことも、回顧の中にちゃんと存在しているのです。もちろん、そのことを直接意識してはいません。なぜなら意識は、覚醒時の記憶像だけに従っているのですから。

しかし意識は、回顧する内なる視野が空白な場所をも持っていることによって、内的に強化されるのです。私たちの意識性がまさに内的であるというのは、このことに由来するのです。もしも私たちが目覚め続け、そして眠りによって中断されることがなかったとしたら、私たちは外界に相対して、まったく自分を失ってしまうでしょう。

夢のない眠りのおかげで、私たちは自分を意識していられるのです。しかし、夢見る眠りでは、個々の部分がイメージとして混沌の中に映し出されるのですが、夢のない眠りは、生体としての私たちの全人性（Gesamtmenschlichkeit）の意識を、それゆえひとつの認識を与えてくれるのです。ですから、覚醒意識によって、私たちは外なる世界を知覚します。夢によって、

もちろん薄明るく、不確かにではありますが、私たちの内なる生命状態がひとつひとつ知覚されます。夢のない眠りによって、もちろん暗く、不確かに、私たちの生体の組織全体が知覚されます。このように、眠りと夢見る眠りと覚醒状態、私たちはこの三つの認識段階をもっているのです。

次いで私たちは、霊視、霊聴、霊的合一という、三つの高次の状態に到ります。これらは覚醒意識を超えた、より高次の状態ですが、これらの状態を通して、意識がますます明瞭になり、意識状態の中で、ますます明瞭な認識を提供してくれます。一方、私たちが通常の意識以下の状態に下りていくと、混沌とした認識に到りますが、その場合の認識も、通常の体験にとって、必要不可欠なものなのです。

以上、私たちの意識領域について申し上げました。私たちは、自分の中に通常の覚醒意識だけを持っているのではありませんし、通常の固定した生体だけを自分の中に担っているのでもありません。

もちろん私たちは、空間の中で、はっきりと区切られた形態をもつ生体をもっています。ですから唯物論的に考えるなら、そういう生体を人体組織として理解しなければなりません。通常の意識は明瞭な在り方をしており、その意識の生み出す表象内容もはっきりした輪郭をもっている、と考えなければなりません。

けれども私たちは、はっきり輪郭づけられたからだだけを持っているのではなく、そのような昼の意識だけをもっているのではなく、私たちの固体状のからだは、液体状のからだに貫かれています。この液体状のからだは、境界もさだかではない、流動する組織なのです。そして、私たちの明瞭な昼の意識は、夢の意識に貫かれているのですが、その夢は、はっきり限定された輪郭のあるイメージではなく、さだかではない輪郭をもったイメージなのです。そこでは意識生活が流動的なのです。

そして、流動する生体だけでなく、私たちは空気状の生体をも持っています。この生体は、私たちの睡眠中、私たち自身ではない何かの世話を受けています。この生体は基本的に、いつもではなく、特定のときに、私たちの魂の働きに関与しているのです。つまり覚醒時において、です。とはいえ私たちは、この生体をも特別の生体として持っています。

私たちは第三の意識も持っています。夢のない暗い睡眠意識です。この意識においては、表象内容がぼやけてしまうだけでなく、内なる暗黒にまで弱められてしまい、意識的な状態として体験されることはなくなっています。眠っているときの空気状の生体は、私たちによって体験されることがありません。

このように私たちは、内的に観察するにせよ、外的に観察するにせよ、人間の本性について次々に新しい段階に到ります。固体のからだから流動するからだへ、空気のからだへ、熱のか

らだへと進みますと、私たちは魂的なものに入っていきます。明るい昼の意識から夢意識へ入っていきますと、からだの中へ入っていきます。夢のない睡眠意識を通してからだの中にいるときの私たちは、徹底して肉体の中に入っているのです［図11／口絵4］。

覚醒意識を睡眠意識の中にまで持ち込むことができたら、私たちは自分の意識の各段階を考察しつつ、身体性の中へ入っていけるでしょう。固体の状態から熱の状態にまで、私たちの身体性そのものを考察できたら、私たちはさらに身体性から抜け出すことができるでしょう。

このことは捉われた外的な考察の提示するものを、そのまま受け容れていてはならないことを教えてくれます。私たちは、一方（左側）では唯物論的に機械論的な表象と結びついた固体のからだをもっていますが、他方（右側）では魂的なものをもっているのです。けれども近代意識にとっての魂的なものは、内容的に、明るい日常生活に現れるものだけなのです。

一般に人は、この右側上段の意識（自我）から下へ降りていこう

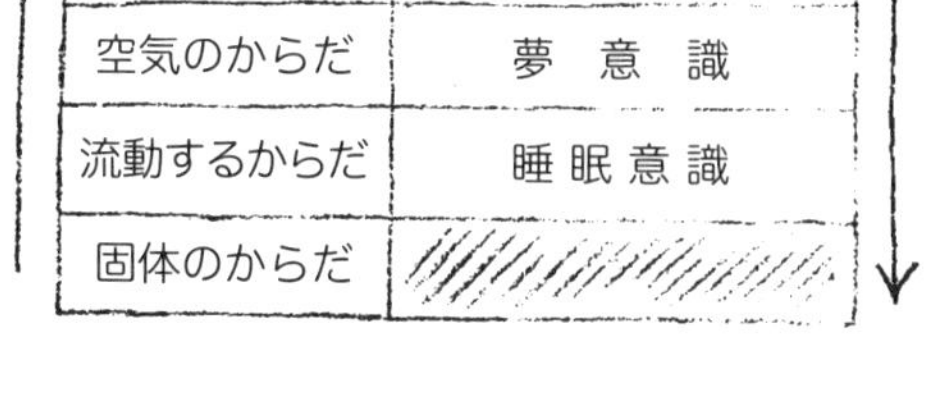

［図11］

とはしません。なぜなら、もしも下へ降りていくと、からだの中へ入ってしまうからです。人は霊的なからだ（熱のからだ）から下へ降りてはいきません。なぜなら、もしも下へ降りていったら、すぐに固体のからだの中へ入っていくだけなのですから。ですから人は、そうしないで、互いにまったく無関係の二つだけを考察するのです。流動するからだ、空気のからだ、熱のからだなしの固体のからだと、本来、内なる体的なものだけを映し出している意識、つまり夢意識と睡眠意識を無視した、明るい昼の意識とだけを考察するのです。

そして今、学校で学ぶ、そういう心理学から離れて、こう問うとします——「この魂的＝霊的なものは、体的なものの中でどう生きるのか？」

皆さん、そのときは本来、こう考えるはずです。——私たちは固体のからだと流動するからだと空気状のからだと熱のからだをもっている。自我は熱のからだを通して、通常の明るい昼の意識を発達させる。けれども下へ降りると、夢意識の中に入り、さらに下へ降りると、夢のない睡眠意識の中へ降りていく、と。

その場合、そのさらに下には、皆さんが『神秘学概論』で知ることができるように、もうひとつの意識状態（図の斜線のところ）があるのですが、これは今は考察する必要のない部分です。

さて、この図の右側にある部分と左側にある部分との関係を問うとしたら、この両部分は互いに通じ合っている、と言えます。なぜなら、これ（左の矢印）は下から上へ、魂の方へ入っ

ていき、これ（右の矢印）はからだのほうへ入っていくのですから。右と左は互いに通じ合っているのです。

けれども、こんにちの外的な考察の仕方では、本来、固体のからだだけを見て、そしてこの意識状態（自我）だけを見ています。そうなると、これ（自我）は空中にぶらさがり、そして、これ（固体のからだ）は地上に立っています。そこには関連が見出せません。

皆さんがこんにちの心理学書をお読みになると、魂がからだに作用する仕方は、もっとも疑わしい仮説とみなされていることに気づかされるでしょう。けれどもこのことは、からだの一部分だけを考察し、そして、その部分からまったくかけ離れたところで魂の一部分を考察している結果にすぎないのです。

霊学は、いたるところで、全体との関わりを考察します。実際、一方のからだ的な部分と他方の魂的な部分との間に橋を架けようとします。そして魂がからだになり、からだが魂になる諸状態を本当に探求するのです。けれども、このことが今の時代の人びとを怒らせています。そういう人びとは、外的な、捉われた考察方法が提示するものだけに留まっていたいのです。

これらのことについては、さらに明日もお話ししたいと思います。

第二講　宇宙創造の根源としての道徳衝動

一九二〇年一二月一八日

昨日は、人間という構造体全体について、大切な問題を幾つか取り上げてみました。終わりの部分では、人間の外的な組織と自意識の所産との間に橋を架けることが、人間本性を綜合的に考察することで可能になる、というところまで話を進めることができました。

この橋を架ける試みは、通常、特に現代の外的な科学の立場からはめったに扱われません。この橋づくりのためには、人間の生体を昨日述べたような仕方で考察しなければならないのですから。

昨日述べたように、こんにち考察の対象になりうるもの、少くとも外的な科学によって生体であると認められるものは、固体もしくは固体であり液体であるものだけです。けれども私たちは、液体の生体、気体の生体、そして熱の生体も認める必要があります。これらの生体を認めることで、そういう精妙な組織の中に人間本性と通常思われている部分が関わり合うことが

可能になるからです。

もちろん、熱の生体に到るまで、これらすべては肉体です。しかし液状の生体、液体として組織されているすべての中には、特にエーテル体が関与しています。そして熱として組織されているすべての中には、アストラル体が関与しています。気体として組織されているすべての中には、特に自我が関与しています。以上によって、私たちは物質的なものの中に留まりながら、この物質的なものの中で霊的なものにまで上っていくことができるのです。

昨日はもう一方で、意識の考察も行いました。通常私たちは、目覚めてから眠るまでの覚醒状態の中で経験する意識だけに注目しています。ですから、私たちは周囲の対象を知覚し、それを私たちの知性と結びつけ、感情と結びつけながら、私たちの意志衝動の中で生きています。けれども私たちは、この意識の複合体を、外的、物理的科学がもっぱら考察の対象にしている物質的なものとは、まったく異なる特性をもったものとして体験しています。

私たちが意識内容としてもっているこのまったく非物体的な諸体験と物質的な生理学もしくは物質的な解剖学によって考察する別の知覚対象との間には、そう簡単には橋が架けられません。

とはいえ、意識に関して言えば、通常の生活の中でも、通常の昼の意識のほかに、夢の意識があります。そして、昨日述べたように、夢の主要な像もしくは象徴は、内なる生体の経過を

表していきます。私たちの内部に何かが生じますと、その経過が夢の像となって現れます。腸になんらかの痛みを感じると、のたうつ蛇の夢を見ます。料理の鍋が煮え立つ夢を見ると、目覚めたあと、心臓が激しく鼓動しています。その場合、煮え立つ鍋は不規則な心臓の鼓動を象徴していますし、蛇は腸を象徴しているのです。

夢は私たちの生体の内部へ私たちを導いてくれます。睡眠中の意識は暗いので、そのときの体験は、人間にとっていわば無意味な体験でしかありませんが、しかし昨日言いましたように、その無意味な体験をもたざるを得ないのは、自分の身体性を夢の中で感じとるためなのです。

もし私たちがからだから離れることなく、目覚めたときにふたたびからだを求めることもなく、眠ってから目覚めるまでに不自由さを感じることもなく、いつも自分のからだとひとつだと感じていたとしたなら、私たちは自我存在として、自分のからだと結びついている、とわざわざ感じることもなかったでしょう。そのときの私たちは、知覚内容と表象内容だけをもつ通常の意識から夢の意識へと導かれるでしょう。この夢の意識は、私たちの体内に存在しているものだけに関係しているのです。ですから私たちは、夢を通してからだへ導かれるのです。

そして、私たちが夢のない睡眠意識の中に入っていくときには、さらに、それ以上にからだへ導かれます。ですから、こう言うことができます――「一方で私たちは魂的なものが私たちをからだへ導くように、この魂的なものを考察する。そして他方、体的なものが私たちを魂的

なものへ導くのを考察するが、その場合の体的なものは、液状の組織、気体状の組織、熱の組織として現れる。それゆえ組織がますます精妙化され、私たちを魂的なものにまで導いてくれる」。

私たちが本当に人間を満足させ、納得させてくれる世界観に到ろうとするのでしたら、以上の事柄を考慮に入れる必要があるのです。

ここ数週間以来、私たちが取り組んできた大きな問題、それは以下のような世界観上の主要問題を繰り返して認識しようとする試みでした。すなわち、道徳的なもの、道徳的な世界秩序は、物質上の世界秩序とどのような関係にあるのか、という問題です。

すでに何度も述べてきたことですが、現在の世界観は、外的な感覚世界のための自然科学を基礎にしています。包括的な魂の問題に関しては――心理学はもはやそのような問題を含んでいませんので――、以前の宗教の信条に逃げ道を見出すしかありません。この世界観には橋を架けることなどできません。そこでは、一方に物質界があります。この物質界は、この世界観によれば、原初の霧から出てきたのです。すべてはそのような霧から球体になってとび出てきたのです。そしてそのすべては、いつかふたたび、一種の宇宙の泥に戻るのです。

これが現代科学の方向によって提示された宇宙生成の外の姿です。この宇宙生成だけが、現代の科学者によって唯一現実的なものだと思われています。道徳的なもの、道徳的な世界秩序

は、この宇宙像のどこにも居場所がありません。道徳的な世界秩序はひとりで、孤独に存在するしかありません。

人間は道徳衝動を魂の衝動として、魂の中に抱いています。けれども、もしも自然科学の言う通りだとしたら、生きて働いているすべては、人間も含めて、原初の霧から生じたのです。そして、その人間の中から道徳理想を立ち上げようとするのです。ですから、もしもいつか宇宙（世界）が泥沼状態に戻るべきだというのなら、そこは一切の道徳理想の墓場でもあるでしょう。一切の道徳理想は消えてしまうことになります。橋はどうやっても架けられません。そしてひどいことに、私たちが首尾一貫して考えるのであれば、宇宙秩序の真の道徳性は、こんにちの科学の側からでは、どうしても認めることができないのです。

現代科学が首尾一貫していないときにのみ、道徳的な世界秩序は意味をもちうるのですが、首尾一貫しているなら、科学がそれを認めるはずはないのです。

なぜ、こんなことになるのでしょうか。なぜなら人が一方で、一種の固体の解剖学しか受け容れておらず、人間がみずからの中に液体組織、気体組織、熱組織をもっているのを認めようとしていないからです。皆さんが自分の中に骨や筋肉や神経組織をもっているように、液体や気体やさらには熱の組織をも持っている、と考えてみて下さるなら、私が霊学の観察を通して提示しようとしていることをきっと理解して下さるでしょう。

高い道徳理想に心が燃えている誰かを考えてみて下さい。人は誰でも道徳理想、福祉の理想、自由の理想、善や愛などなどの理想で心を激しく燃え立たせることができます。日常の現実の場で、そのような理想に関わる事柄に心を燃え立たせることができます。けれども、魂の内部のそのような熱い思いが骨や筋肉の中に、こんにちの生理学や解剖学で観察できる骨や筋肉の中に浸透していくとは、もちろん誰も考えていません。

けれども、私たちが高い道徳理想に心を燃やし、その内なる熱狂を熱の生体に作用させるときのことを心に思い描きさえすれば、そのことをよく考えてみさえすれば、骨や筋肉にまで浸透していくことも納得できるのではないでしょうか。そうできたなら、魂的なものを物質的なものの中で実感できるのではないでしょうか。

ですから、こう言えるのです。――道徳理想は、熱の生体の中の熱を高揚させることによって、みずからを現わすのだ、と。

人間は、魂だけを熱くするのではありません。人間は――物理学上の道具で計ることは容易ではないかもしれませんが――、道徳理想として体験するものを通して、本当に内的に熱くなるのです。つまり熱の生体に働きかけることができるのです。

道徳理想に熱狂する、熱の生体を活性化する――どうぞこの過程を具体的にイメージしてみて下さい。

道徳理想が魂を熱く燃え立たせるなら、熱の生体はますます元気になっていきます。そして、人間のその他の生体もその影響を受けます。最高の物質的生体といえる熱の生体のほかにも、人間は気体の生体をもっています。この生体は空気を吸い、空気を吐き出します。しかし呼吸する間、空気は人間の中に存在し、人体内で動き、流れています。これもひとつの生体です。熱の生体とまったく同じように、現実の気体の生体も人体内で生きています。

さて、道徳理想が熱を活性化させるとき――熱は生体全体、すべての生体に作用しますから――、気体の生体にも作用を及ぼします。しかし、この気体の生体への熱の作用は、気体を熱くするだけはないのです。熱の生体内で働いている熱が人間の気体の生体に作用すると、ひとつの「光の源」としか言いようのないものを気体の生体に伝えます。いわば輝きの萌芽のようなものが気体の生体に伝えられるのです。熱の生体に作用を及ぼす道徳理想は、気体の生体の中に光の源を作り出すのです。

この光の源は、外的な意識、外的な知覚のためには輝いていませんが、人間のアストラル体を輝かせています。この光の源は、人間の中にある空気そのものによって、いわば――熱力学の用語を使わせてもらうなら――、潜熱状態になっています。まだ暗いのです。ちょうど植物の萌芽がまだ成長した植物になっていないように、です。しかし人間は、道徳理想もしくは道徳経過に熱狂することで、みずからの内に光の源をもつようになるのです。

私たちはさらに自分の中に液体の生体をもっています。熱が熱の生体の中で働き、道徳理想から出発して、気体の生体の中に光の源を、まだはじめは潜在的に、かくれたままの状態でいる光の源を作り出す一方で、液体の生体の中では、人体内ではすべてが伝え合っていますから、昨日話したように、外的な空気中の音の根底にあるものが作り出されるのです。

昨日言いましたように、空気は音のからだにすぎません。音の本質を空気の振動の中に求めて、それ以上のことを語ろうとしない人は、人間をその外見上のからだだけで語る人のようです。空気が生じさせる音波は、音の外のからだでしかありません。人間の中でのこの音は、気体の生体の中で発生するのではなく、その霊的な音は、まさに液体の生体の中で、道徳理想を通して作り出されるのです。

それゆえ、音の源がここで作り出されます。そして、私たちの考察する固体の生体は、もっとも固い生体部分として自分以外のすべての生体を支え、担っています。この生体の中でも、すべての他の生体と同じように、何かが作り出されます。それは私たちが「生命の源」と呼ぶことのできるもののことですが、母胎から生み出されるような肉体上の生命の源ではなく、エーテル的な生命の源が作り出されるのです。このエーテル的な生命の源は、無意識の深みに存在しています。音の源も、光の源でさえ、同様に無意識の深みに存在しています。それらは通常の意識には隠されていますが、人間の中に存在しているのです。

日々の生活の中で体験するどんな道徳行為も、気体の生体の中に光の源となって沈潜し、液体の生体の中に音の源となって沈潜し、固体の生体の中に生命の源となって沈潜するのです。みなさんの魂を道徳理念に向けるときは、いつもそうなのです。皆さんが道徳衝動を共感して受けとるときも、ただ理念として受けとるときも、その理念を他の人の中に見出すときも、自分の行為をその意味で内的に肯定し、満足するときも、その行為が道徳理想に燃え上るときも、いつもそうなのです。

こういうすべては、たいていは人間の意識的な態度から離れたところで生じますが、しかし、私たちはそれを自分の中に引き受けています。死ぬことで肉体の組織を脱ぎ捨てるとき、私たちは自由になりますが、私たちの道徳理想、純粋な理念を通して肉体の組織から取り出されるものは、そのとき、はじめはまだ役に立ってはくれません。

誕生から死に到るまでの人生にとって、道徳理念は役に立ってくれます。私たちが理念生活の中に留まり、自分が道徳的におこなってきたことについて或る種の満足感をもつときにも、生きる上で役に立ってくれます。しかしそういうことは、もっぱら思い出すときのことでしかありません。私たちが道徳理想に共感して、それを生体組織の中に沈めることとは無関係です。

ですから、ここで私たちは、どのように私たちの組織全体が、実際に熱の生体から出発して、道徳理想に浸透されるのかを見ようと思います。私たちは、死ぬことで私たちの肉体からエー

テル体、アストラル体、そして自我が引き離されますが、そのとき私たちは人間本性の高次の分節体であるこの自我の中に、私たちの持っていたさまざまな印象を浸透させます。この世での私たちは、自我と共に私たちの熱の生体の中にいました。そのときの道徳理想は、私たち自身の熱組織を活性化しました。私たちは気体の生体の中に、光の源を植え込まれました。その光の源は、今、死んだあとで、私たちと共に宇宙の中へ入っていくのです。この世での私たちは液体の生体の中に音を響かせてきました。その音が今、宇宙音楽になります。私たちはその音楽と共に、宇宙（コスモス）の中へ入っていくのです。私たちは死の門を通ることで、生命を外へ送り出すのです。

皆さん、ここで、宇宙の中に流し込まれる生命とはそもそも何なのかを感じようとしてみて下さい。生命の源はどこにあるのでしょうか。その源は、人間の中で感動を、熱狂をうながす道徳理想を鼓舞させるものの中にあるのです。

今、私たちは次のように言わなければならないところに来たのです。――私たちが道徳理想に燃え立つとき、この生命と音と光は宇宙へ出ていって、宇宙創造に役立つようになるのだ、と。私たちは死ぬことで、宇宙創造に役立つものを持っていくのです。宇宙創造の源は、道徳的なものなのです。

皆さん、私たちが人間全体を考察するとき、道徳理想と、外なる物質界の化学的に働くもの

との間で人間全体を考察するとき、ひとつの橋を見出すのです。音は、化学的に作用して、素材を結びつけ、かつ解きほぐします。そして輝くものは、その源を道徳的な衝動の中に、人間の熱い生命の中にもっているのです。

私たちが未来に眼を向けますと、そこに宇宙（世界）のさまざまな姿が現れます。ちょうど植物を考えるとき、萌芽状態まで遡っていく必要があるように、形成されようとする未来の世界の場合にも、道徳理想として私たち自身の中にそなわっている萌芽にまで戻っていかなければなりません。

ここで、道徳理想とは反対の理論的な諸理念のことも考えてみましょう。たとえどんなに意味のあるものであっても、理論的な諸理念の場合は、まったく違った在りようをしています。理論的な諸理念の場合、生体は鎮静であり、つめたく冷えています。理論的な理念は、熱の生体さえ冷たくなるように働くのです。

このことは人間へのはたらきかけの違いを示しています。道徳的な理念、もしくは道徳的＝宗教的に組み込まれた理念は、私たちの行動への衝動となることで、私たちの心を熱く燃え立たせます。このような仕方で世界創造的に働くのです。理論的な理念は、鎮静であり、熱の生体を冷え込ませるように作用します。理論的な理念は、熱の生体を冷え込ませるように作用することによって、気体の生体をも麻痺させ、光の源をも、光の生成をも麻痺させます。そして

さらに、宇宙音響をも押し殺すように作用し、生命を消滅させるように作用します。太古の昔に創造されたものは、私たちの理論的な諸理念の中で終わりを迎えるのです。私たちが理論的な諸理念を行使することで、その諸理念の中で宇宙全体が死ぬのです。私たちはそれぞれ自分の中に宇宙を死滅させる働きを担っています。自分の中に宇宙を消滅させる力を担っているのです［口絵5］。

道徳的諸理想

① 熱の生体を活気づける
② 気体の生体の中で光の源を生じさせる
③ 液体の生体の中で音の源を生じさせる
④ 固体の生体の中で生命の萌芽（エーテル体）を生じさせる

理論的諸理念

① 熱の生体を冷たくする
② 光の成立を麻痺させる
③ 音を押し殺す
④ 生命を消滅させる

ここまで来ますと、宇宙の秘密に関与した人は、エネルギーや素材の持続について、もはやこんにちの多くの人が語るような仕方では語れなくなります。素材が同じままであり続けるというのは、そもそもありえないことです。素材はゼロの地点

にまで行ってしまいます。エネルギーは、私たちが理論的に思考することで、生体内でのゼロ地点にまで行ってしまいます。しかも私たちが理論的に思考しなくなったら、もしも宇宙が絶えず私たちの中で死滅するのでなかったら、私たちは人間ではなくなってしまうでしょう。宇宙が死滅してくれるからこそ、私たちは宇宙を思考内容にする自己意識的な人間でいられるのです。

しかし宇宙は、私たちの中でみずからを思考することで、すでに死体になっています。宇宙についての思考内容とは、宇宙の死体のことなのです。死体になることで初めて宇宙は私たちに意識されるのです。そして、そうなることで初めて、宇宙は私たちに意識されるのです。そして、そうなることで初めて、私たちは人間でいられるのです。

過ぎ去った宇宙は、私たちの内部で死滅して、素材になり、エネルギーになり、そしてすぐにまた新しい宇宙になって立ち現れるものですから、素材が消えうせ、そしてふたたび生じることに私たちは気づかずにいます。

素材性は人間の内部で、人間の理論的思考を通して終わりにもっていかれ、その素材性、つまり宇宙のエネルギーは、人間の道徳的な思考を通して新たに蘇生させられるのです。

このように人間の皮膚の中で生じる事柄は、宇宙の消滅と宇宙の生成とに介入しているのです。このように道徳的なものと自然的なものとは互いに組み合わさっています。自然的なもの

は人間の中で消滅し、そして道徳的なものの中で新たに自然的なものが成立するのです。

こういう事柄を見てとることを望まなかったので、素材とエネルギーの不滅という考え方が発明されました。けれどもエネルギーが不滅であり、素材が不滅であったなら、道徳的な宇宙秩序は存在しないでしょう。こんにちの人はこのことをひたすら覆いかくそうとしています。そしてこんにちの世界観は、このことを覆いかくすためのあらゆる理由をもっているのです。なぜなら、こんにちの世界観は道徳的宇宙秩序を消し去らないわけにはいかないのですから。人が素材とエネルギー保存の法則を言い始めるとき、この道徳的宇宙秩序は消し去られます。なんらかの仕方で素材が、エネルギーが維持されるとき、道徳的宇宙秩序は幻想でしか、仮象でしかありえなくなってしまうのだからです。

だから道徳的宇宙秩序は「仮象の姿」をとっています。はじめは思考内容として生きているだけですから。しかしこの「仮象の姿」から新しい宇宙が立ち現れてきます。そのことを洞察することによって、宇宙全体の歩みが初めて理解できるようになるのです。

このことは、人体組織の固体部分を考察するだけではなく、液体の生体と気体の生体を通って熱の生体にまで到るときに初めて明らかになります。人間と宇宙との関連を理解するためには、物質的なものを精妙化し、希薄化して、その希薄化された物質的なものに魂的なものが直接——熱におけるように——介入できなければなりません。そうすれば、身体的なものと魂的

なものとの関連が見えてきます。

どれほど多くの心理学、魂についての教えが書かれたとしても、昨今の解剖学や生理学の立場をふまえている限り、固体から成る、もしくは固体と液体から成る、硬いもしくは柔かい身体を対象にしている限り、魂的なものへの通路を見出すことはできません。そこで扱われている魂的なものは、そもそも魂のようには現れていないのです。けれども生体を熱の生体にまで辿っていくなら、からだの中で熱として存在しているものから、魂の働きへ、ひとつの橋を架けることができるでしょう。

外から見ても、熱はからだの中にありますが、その熱が生体として人間の中に有機的に組込まれることによって、魂が、魂的＝霊的なものが、この熱生体に介入します。そして、熱という廻り道を通って、私たちの道徳的な体験のすべてが人間の生命に介入するのです。

今「道徳的」という言い方をしましたが、もちろん一般の人が考えている「道徳的」のことだけではなく、例えば、壮麗なる宇宙の姿を見ることで生じる衝動のことも意味しているつもりです。その衝動は次のような言葉となって語られる衝動です――「われわれはこういう宇宙から生まれたのだ。われわれは世界の中で生じるどんなことにも責任がある。なぜなら、霊学の認識内容を学ぶことで、未来に向って働きかけていきたい、と心を燃え立たせているのだから」。

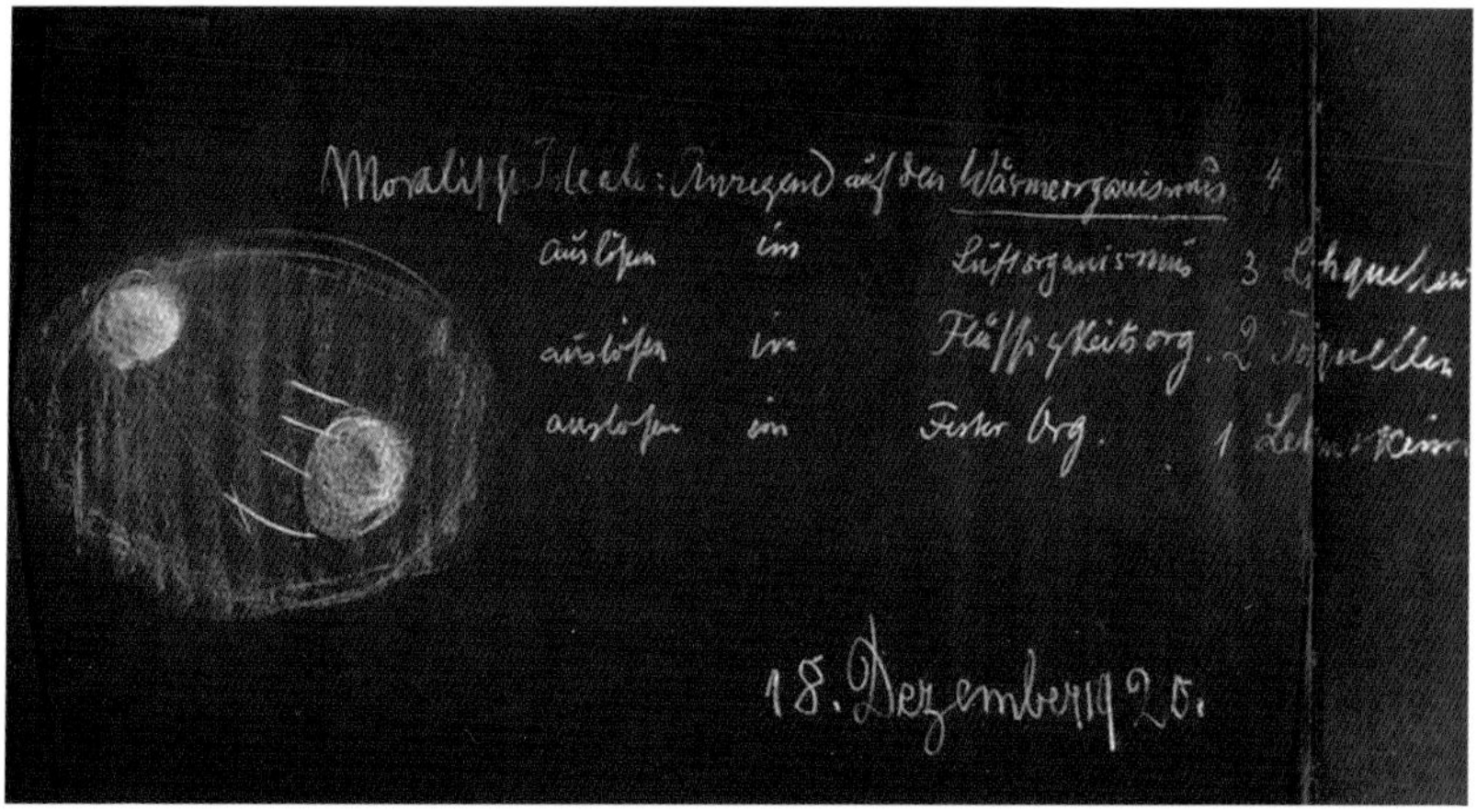

［口絵５］右：185頁の「まとめ」、左：194頁［図12］のⅠⅡⅢⅣをⅠ→Ⅱ→Ⅲ→Ⅳへと、講義しながら加えて描いている。

私たちは、霊学そのものを道徳的な衝動の源泉であると思っています。ですから霊学を学ぶことで、道徳的なものに心を燃え立たせることができるはずなのです。霊学上の認識に由来する情熱は、同時に高次の意味での道徳的なものの源泉でもあるのです。

しかし通常、「道徳的」と呼ばれているものは、道徳的なものの下位の部分にすぎません。私たちが外なる世界の出来上った自然秩序についてもっている理念は、みんな理論上の理念でしかありません。私たちは数学的＝工学的にひとつの機械を心に思い描くことができますし、数学的＝工学的にコペルニクス的な宇宙秩序を心に思い描くこともできます。私たちがそのとき理論的にもつことのできる理念はすべて、私たちの中の死の力です。それは思考内容、表象内容となって私たちの内部に存在する宇宙全体の死体なのです。

こういう事柄は、これからもますます全体への、宇宙全体への洞察を生じさせます。その場合、自然秩序と道徳秩序とは、並存しているのではなく、この両者は一つなのです。そして、これこそが現代の人間が必要としているものなのです。そうでないと、現代の人間は常にこう言い続けるしかないでしょう――「この世には自然秩序しかないのだったら、私のもっている道徳衝動など、この世で何の役に立つというのか」。

これは一九世紀の人びと、二〇世紀初頭の人びとの心におそろしく重荷になっている問いでした。――自然的なものから道徳的なもの、道徳的なものから自然的なものへの移行をどう考

えたらいいのか？

一方で自然を、他方で霊性を霊学によって洞察するのでなければ、この心に重くのしかかる運命的な問いに答えることのできる立場は見出せないでしょう。

霊学認識に由来する諸前提をふまえるなら、その諸前提と共に、外的な科学の立場に対抗することができるでしょう。外的な科学の立場は、こんにちではすでに一般社会に普及しています。こんにちの私たちは世界像の基礎としてコペルニクスの世界観を受け容れています。このコペルニクスの世界観は、ケプラーによって引き継がれ、ニュートンによって理論化されました。そしてもちろん、一八二七年までは、カトリック教会によって厳しく禁じられてきました。正統のカトリック信者であれば、その時点まで、この世界観を認めることは許されませんでした。しかし一八二七年以降は、この世界観を肯定してもよくなりました。この世界観は、こうして一般社会の意識に普及してしまいましたから、コペルニクスの世界像の意味で宇宙（世界）を見ようとしない人は、もはやまともな人とはみなされなくなっているのです。

いったい、このコペルニクスの世界像とは、何なのでしょうか。もっぱら数学上の基本原理、数学上の原則と立場だけでつくり上げられた世界像です。数学上＝機械論上の立場と言ったらいいのでしょうか。この世界像を古代ギリシアの世界観の内部でゆっくりと準備されてきた世界像と比較してみましょう。この古い世界観はそれ以前の思想傾向を、例えばプトレマイオス

の世界像として持っていました。そしてその世界像が、さらに発展して、こんにちどんな子どもにも教えられているコペルニクスの世界像になったのです。私たちはこの世界像から人類のもっと古い時代にまで眼を向けることができます。

そこには別の世界像がありました。その別の世界像からこんにちまで残っているのは、占星術として知られている、どちらかというと非学問的な立場に置かれている伝統です。それは特定の秘密結社やフリーメーソンなどの象徴となっても残っています。

人びとはそれが古代天文学の名残りであるとは思っていませんが、こんにちとは違う天文学に由来するものだったのです。この天文学は、現在の天文学のようにもっぱら数学上の諸原理の上に構築されたものではなく、古代の見霊による世界観に由来するものでした。古代の人類が天文学上、占星術上の表象内容にどのようにして行きついたのか、現代人はまったく間違った考え方をしていますが、古代の人類は宇宙を本能的＝見霊的に直観することによって、そのような表象内容に行きついたのです。

現代人が天体を単なる物質体として見ているとしますと、後アトランティス期における最古の諸民族は、天体の中に霊的な構成体、霊的な存在たちを見ていました。古代の諸民族が惑星や恒星について語ったときには霊的存在たちについて語ったのです。こんにちの人は太陽が灼熱したガス球であり、光を宇宙空間に放射している、と思っています。古代の諸民族は、太陽

が生きた存在であり、肉眼に映った太陽は、この生きた存在の外的、体的な現れであって、この生きた存在は肉眼で見る太陽の外にいる、と思っていました。他の諸天体についても同じでした。

彼らは霊的存在を見ていたのです。私たちは、ゴルゴタの秘儀が生じるずっと以前にすでに終わりを迎えた時代があったことを心に思い描く必要があります。その頃は、外なる宇宙、太陽であったすべてが、星々の中にあったすべてが霊的存在なのだと思っていました。それから一種の中間期がやってきました。その時期の人は、一方で惑星たちがもちろん物質体として現れていても、その物質体が魂存在たちによって生命化されている、という考えを正しく受けとめることができなくなっていました。

どのように物質的なものが次第に魂的なものに移行するのか、どのように魂的なものが次第に物質的なものに移行するのか、どのように基本的にこの二つが一つなのか、その中間期の人びとはもはや分からなくなっていました。その人びとは、一方に物質的なものがあり、もう一方に魂的なものがある、ということを確認するだけでした。

その当時の人びとは、こんにちのたいていの心理学者たちが、そもそも魂的なものを認めるときに、人間の中に魂的なものと物質的なものとを一緒くたに考えているように、同じように一緒くたに考えていました。もちろんそうしていたら、すぐ理屈に合わなくなってしまうので

すが。そうでなければ精神物理学的な平行理論をとるしかありませんが、その場合も、知ることのできない何かに仲介させる、という馬鹿げたことになるしかありません。

次いで、宇宙体は、数学の法則に従って回転したり静止したり、引き合ったり反撥し合ったりする物質存在である、とみなす時代が到来しました。もちろんどんな時代にも、特に古い時代であればなおさら、本能的に事物の現実を指示する知識が知られていましたが、こんにちになると、本能的な知識では済まされなくなっています。以前なら本能的な知識で済まされていたことが、十全の意識をもって獲得されなければならなくなっているのです。

その全体的な観点に立って、つまり物質的、魂的、霊的な立場に立って、宇宙全体を認識することのできた人たちは、太陽をどのように考えたのでしょうか。その人たちなら、次のように言うでしょう――「太陽は霊的存在である」と［図12-Ⅰ］。秘儀参入者たちは、このような霊的存在を、一切の道徳的なものの源泉である、と思っていました。

ですから、私は『自由の哲学』でこう述べました。つまり道徳的な直観はこのような源泉から取り出される、と。道徳的な直観は、地球の内部で取り出されるのです。道徳的な直観は、人間の中の道徳的熱狂から、人間から、輝き出るのです［図12-Ⅱ］。

皆さん、もしも地上に、真実の道徳もしくはそもそも霊的な理想を魂の中で熱く燃え立たせることのできる人が誰もいなくなってしまったら、私たちは私たちの宇宙の進歩のために、新

しい創造のために、何も役に立たず、私たちの宇宙の死滅に力を貸すしかないでしょう。このことを理解したなら、私たちの責任の重さがひしひしと感じとれるはずです。どうぞ、そのことをよく考えてみて下さい。

この地球が放射する光のエネルギー［図12-Ⅲ］は、全宇宙に輝きを投げかけています。この輝きは通常の人間の知覚力には知覚されずにいますが、しかし、人間の中に生きている道徳的なものが、地球からその輝きを放射しているのです。

そうなのです。もしも地球の全土に悲しむべき時代がやって来て、人類のほとんどの人が非霊的な態度でひたすら物質生活だけに明け暮れていたとしても――私が霊的と言うときは、同時に道徳的という意味も含まれています。実際

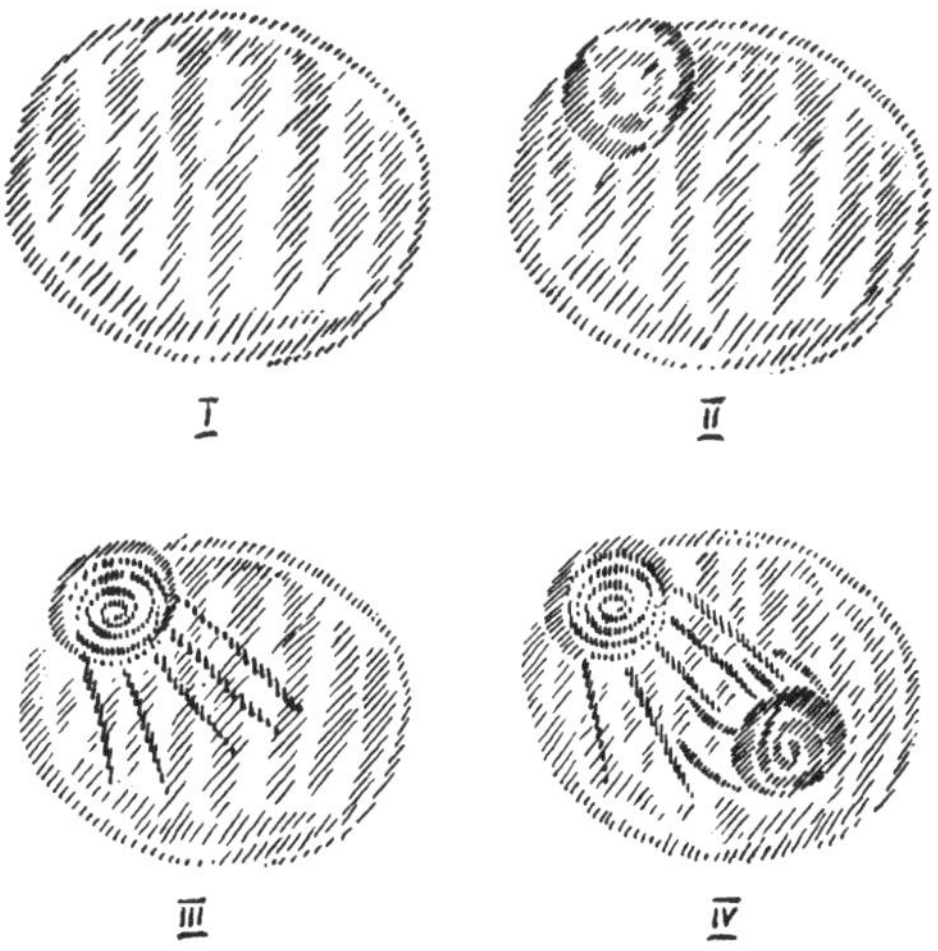

［図12］

そうなのですから――、そして一ダースの人だけが道徳的＝霊的に心を燃え立たせているだけだとしても、それでも地球は、霊的＝太陽的に光を輝かせるでしょう。しかしそのときの輝きは、一定の範囲内にしかとどきません。その範囲内で、その輝きは映し出されます。そこには人間から発せられるものの反映が生じるのです。

そして、あらゆる時代の秘儀参入者は、この反映を太陽として見ていました。実際そこには物質的なものは何もありません。私は何度もそう申し上げてきました。外的な天文学が灼熱のガス球について語るところには、物質的に輝く霊的なものの反映が現れているのです［図12-Ⅳ／口絵5］。

以上からもお分かりのように、コペルニクスの世界観も、そして結局は古代の占星術も、秘儀の秘密から遠く離れているのです。これらがどのような関係にあるのかは、以下にお話しすることの中によく現れていると思います。すなわち、ある時代に特定の人間集団が非常に大きな権力をもつようになりますと、このような真実は一般大衆にとって危険であり、一般大衆には伝えるべきではない、と考えるようになるのです。それで、そのような時代になっても世間にそのような真実を伝えようとしたユリアヌスのような理想家は「背教者」と呼ばれ、間接的なやり方で殺害されたのです。ある種の秘密結社には影響力の大きな秘密を世に広めさせまいとする非常にはっきりした理由があるのです。そういう秘密が或る種の力を発揮しかねないか

らです。

皇帝ユリアヌスの時代には、ある種の秘密結社が自分たちの秘密を強力に守ろうとして、ユリアヌスを殺させました。特定の秘密を外に出す代わりに、自分たちの権力を強化するためにその秘密を大衆の前から隠しておこうとするのです。そのような特定の秘密の守り手たちが、ちょっとでもその秘密が洩れそうになるのを嫌っていたのは、驚くことではありません。

霊学が現代という時代に人類に提供するのを義務と感じている事柄に対して、なぜこの社会の中に恐ろしいくらいの憎しみが生じるのか、皆さんは以上の説明の中にその深い理由を見てとることができます。しかし、私たちの生きている時代は、地上の文明が没落するか、または地上の人類が特定の秘密を公開するかの岐路に立っています。これまで一定の仕方で秘密として守られていた事柄は、本能的な見霊体験によって人類に与えられていましたが、今は物質的なものだけでなく、物質的なものの中にある霊的なものをもまったき意識をもって見ることで、その秘密を獲得しなければならないのです。どうぞ、このことに意識的であって下さい。

背教者ユリアヌスは、そもそも何をしようとしたのでしょうか。彼は人びとに次のことを分からせようとしたのです――「君たちはますます物質上の太陽だけを知覚することに馴れていく。しかし霊的な太陽が存在するのだ。物質の太陽はこの太陽の鏡像でしかないのだ」。

ユリアヌスは彼のやり方でキリストの秘密を世間に伝えようとしたのです。しかしいまだに

人びとは、霊的な太陽であるキリストと物質の太陽との関連を覆い隠そうとしています。ですから、キリストの秘密を太陽の秘密に関連づけて語ることに、ある種の権力者たちは、怒り狂うのです。そして、ありとあらゆる誹謗、中傷が投げかけられます。しかし皆さん、霊学は現代という時代における重要な用件なのです。霊学を時代の重要な用件であると思うことのできる人だけが、霊学をふさわしい真剣さで考察するのです。

第三講

愛——外界への帰依

一九二〇年一二月一九日

人間は世界の中に、一方では考察する者として、他方では行為する者として立っています。そしてその中間には、感じる者、感情を働かせる者が立っています。感情を働かせる者は、一方に向かっては、考察することで得た事柄に感情をもって帰依し、もう一方に対しては、自分の行為に感情をもって関与しています。どうぞ考えてみて下さい。人間は自分のやったこと、やらなかったことについて、どれほど満足したり、または満足できなかったりしているでしょうか。その結果、自分の行うすべての行為は、感情衝動を伴なっています。

ですから実際、私たちの感情的な本性は、考察力と行動力という二つの極を結びつけているのです。私たちは考察する存在であることによってのみ、言葉通りの意味での人間になれます。皆さんが自分のことを人間だと思えるのは、ひとえに皆さんを取り巻く周囲の世界を心の中に映し出し、考察することができるからにほかなりません。私たちが世界を考察できないとした

ら、私たちは人間であることをやめなければならなくなるでしょう。一方、私たちは行為する人間であることによって、社会と関わり合っています。そして基本的に、私たちが生まれてから死ぬまでに行うすべては、社会的な意味をもっているのです。

さて、ご承知の通り、私たちが考察する存在である限り、私たちの中には思考内容が生きています。私たちが行為する存在である限り、つまり社会的な存在である限り、私たちの中には意志が生きています。しかし人間本性にとって――そもそもすべて現実とはそういうものなのですが――、合理的な仕方でものごとを並列させて考察することなどできません。存在というものは、どこから見ても互いに融合しています。宇宙の諸力は合流しているのです。

私たちは、自分のことを思考存在であり、考える葦である、と思うことができますが、同時にまた、自分のことを意志する生きものである、と思うこともできます。とはいえ、たとえ私たちが瞑想にふけり、外から見たら完全に静かに内面に沈潜しているとしても、そのときにも私たちの中で意志はずっと働き続けています。同じように、私たちが行動しているときも、思考内容が私たちの中で働いています。外で生じる事柄と私たちとが、思考の中でひとつになっているのでなかったら、私たちの行う何事かが社会生活の中に飛び込んでいくことなど、とても考えられません。すべての意志的なものの中には、思考の働きが生きており、すべての思考的なものの中には、意志の働きが生きているのです。

以上に述べた事柄をはっきり把握しておくことが、これまで何度も言及してきた道徳的＝霊的な宇宙秩序と物質界の自然秩序との間に、真剣に橋を架けようとするときには、どうしても必要になるのです。

考えてみて下さい。通常の科学的思考を通して、皆さんがいっとき純粋に思考に集中しているとします。まったく内的な平静を保ち、一切の行動をやめて、もっぱら表象生活に没頭しています。しかし、そういうときでも、その表象生活の中には意志が働いています。もちろん、そのときの意志は、皆さんの内面の表象の領域でしか力を発揮していません。私たちが意志を絶えず思考内容の中に注ぎ込んでいるような思索家を観察するなら、実際、生活上ひとつのことに気がつくはずです。私たちの抱いているすべての思考内容を吟味してみるなら、その思考内容が私たちの環境の中にあるもの、私たちの体験したことのあるもの、そのようなものとどこかで結びついていることに、です。私たちが生まれてから死ぬまでの間に抱くどんな思考内容も、人生が私たちにもたらしてくれた思考内容でしかないのです。私たちの経験が豊かであるなら、私たちの思考内容も豊かです。私たちの経験が貧弱なら、思考内容も貧弱です。

思考内容はいわば私たちの内なる運命なのです。しかし、この思考体験の内部の一点だけは、まったく私たち自身のものです。私たちが思考内容を互いに結びつけたり、分離したり、つまり私たちの内的な思考作業、判断、結論づけ、思考による状況把握、そういう思考のありよう

を成り立たせているものは、私たちのものです。私たちの本来の所有物です。私たちの思考生活における意志は、私たち自身のものなのです。

　この思考生活に眼を向け、注意深く自分を吟味するなら、私たちは次のように自分に語らなければならないでしょう。そして、もうお分かりのように、注意深い自己吟味とはそういうことなのです――「思考の内容は、外からやってくる、その思考内容に手を加え、それをまとめ上げるのは、私たち自身の仕事である」。

　ですから基本的に、私たちの思考の世界は、運命的に定められた私たちの誕生を通して、現在の私たちを生じさせたこの世の人生経験を通して得てきた諸体験にまったく依存しているのですけれども、私たちは、外から私たちにやってくるものの中に、魂の深層から生じる意志を通して、まさに私たち固有のものを持ち込むのです。

　私たちの本来望んでいる自己実現にとって、非常に重要なことなのですが、一方で環境世界から私たちのところへやってくる思考内容と、そして他方で、内面から思考内容の世界の中に力を送り込む意志の働きとをはっきり区別することができなければならないのです。

　一体どのようにして、私たちはますます霊的になっていくのでしょうか。可能な限り多くの思考内容を環境世界から受容することで霊的になっていくのではありません。なぜなら、そういう思考内容は、感覚的＝物質的な外界を形象にして再現しているだけなのですから。

人生のさまざまな出来事を追いかけているばかりでは、霊的になれません。霊的になるには、思考内容の中で内なる意志的な作用を行わなければなりません。ですから瞑想も、気に入った思考の遊びに耽ることなのではなく、いくつかの見通しやすい、吟味しやすい思考内容を意識の中心に置くことにあるのです。そして、その思考内容を強い意志の力で意識の中心に置くのです。この内的な意志の働きが思考内容の中で力強く、集中的になっていけばいくほど、私たちは霊的になっていくのです。

思考内容を外なる物質的＝感覚的な世界から受けとるとき――そして私たちは生まれてから死ぬまでの間においてのみ、そういう思考内容を受けとることができますが――、そのとき私たちは、容易に理解できるように、自由ではなくなります。なぜなら、そのときの私たちは、外なる世界の諸関連の中に埋没しているのですから。そのときの私たちは、外なる世界の命じる通りの仕方で思考を働かせています。思考の内容に捉われている限りは、です。私たちが自由になるのは、内的な仕方で処理することができたときからです。

さて、まったく自由になる可能性がひとつあります。内面生活において自由になる可能性がです。外から来る思考内容をできるだけ排除し、ますます排除していって、判断、結論づけとなって私たちの思考内容の中に浸透している意志の要素を、できるだけ活発に働かせるのです。そうすることによって私たちの思考は、私の『自由の哲学』の中で「純粋思考」と呼ばれた状

態に移されます。

思考するのですが、その思考の中には意志だけが生きているのです。このことを私は一九一八年の『自由の哲学』新版の中で、特にはっきりと強調しました。その場合の私たちは、思考の領域に生きていますが、しかしその思考が純粋思考になったとき、純粋意志と同じような在り方を示すのです。つまり、私たちが思考から意志へ昇っていく、ということは、私たちが内的に自由になり、私たちの思考を成熟させて、思考が意志に浸透されて、もはや外から受容するのではなく、まさに意志の中に生きるということなのです。

私たちが意志を思考の中で強化していくと、私が『自由の哲学』の中で「道徳的想像力」と呼んだ力の準備をすることになります。そのときの私たちは、思考内容となった意志に、もしくは意志となった思考内容に浸透し、貫徹する道徳的直観に到ります。

このようにして私たちは、物質的＝感覚的な必然性から解放されて、私たちを私たち固有のもので満たし、そして道徳的直観に到る用意をするのです。霊界が人間の心を満たすことのできるすべては、そのような道徳的直観にもとづくのです。ですから、私たちが思考の中で意志をますます強化させていくときにのみ、自由が活気を取り戻すのです。

ここで人間をもうひとつの極から、意志の極から考察してみましょう。

意志はいつ私たちの行為を通して、はっきりと私たちの魂の眼に見えてくるのでしょうか。

くしゃみをするときも、私たちは何かを行っています。しかし、くしゃみをするときは、特別な意志衝動を働かせて、そうしているのではありません。話をするときは、すでに一定の仕方で意志を働かせています。でも、考えてみて下さい。話をするときには、意志的な働きと意志的でない働きとが、まざり合っているのではないでしょうか。

話すことを学ぶのなら、一つひとつの言葉を意志的に用いる必要がないくらいにまで話せるようにならなければなりません。そのとき何か本能的な働きが話を衝き動かしています。日常生活においては、もちろんそうです。あまり霊的なものに向って努力していない人の話は、基本的にそういう傾向にあります。ただ何かを言うために絶えず口を動かしているおしゃべりな人、あまり思索的になろうとしない人は——当人は気づいていませんが——、意志的でない本能的なものが話を支配していると、周囲の人に気づかせています。

しかし、私たちが私たちの有機的、生命的な部分から抜け出て、そして有機的な働きから解放された行動に移っていきますと、思考内容がますます私たちの行動に関与するようになります。くしゃみはまだまったく有機的なものの中に留まっています。おしゃべりは大部分がまだ有機的なものの中に留まっています。歩くときはあまり有機的ではなくなりますし、手で行う行為になると、非常にわずかになります。このようにして、次第に、有機的な働きから解放された行為の方向にますます移っていきます。

意志がどれくらいこれらの行動の中に関与しているかを、私たちが意識していなくても、私たちはこれらの行動を思考で把握しています。そして私たちが夢遊病者ではなく、普通に日常生活を送っている限り、私たちの行動は常に私たちの思考内容に伴われています。私たちは行動に思考内容を結びつけます。行動が訓練されたものになればなるほど、私たちは思考内容をその行動と結びつけます。

皆さん、意志という私たちの固有の力を思考の中に組み込み、そして思考を意志によって輝かせるとき、私たちはますます内的になっていきます。私たちは意志を思考の中に組み入れることによって自由になるのです。私たちは、ますます自分の行動を育成することで、その行動の中に思考内容を組み入れるようになります。私たちは、意志することでもたらされた行動を私たちの思考内容で輝かせるのです。

私たちは一方で、内へ向けて、思考内容の生活をいとなみ、その生活を意志で輝かせ、そうすることで自由を見出します。他方、外へ向けて、私たちの意志が行動を生じさせます。私たちはその行動を、私たちの思考内容をもって達成するのです。

しかし一体、私たちの行動は何によってますます成熟したものになっていくのでしょうか。もちろん異論の多い「完成」という表現を用いるなら、私たちは一体、何によってますます完成された行動をとるようになっていくのでしょうか。

私たちがますます完成された行動をとるようになっていくのは、「外界への帰依」としか呼べないような力を私たちの中に育成することによってなのです。外界への私たちの帰依が育っていくにつれて、この外界が行動へ私たちを誘うのです。そして私たちは外界へ帰依するための道を見つけ出すために、行動に思考内容を協力させることができるようになります。

外界への帰依とは何でしょうか。私たちを組み入れる外界、私たちの行動に思考内容を組み入れる外界への帰依とは、愛のことにほかなりません。

思考のいとなみに意志を組み入れることによって、私たちが自由になるように、意志のいとなみに思考内容を組み入れることによって、私たちは愛に到ります。思考内容を意志の働きに組み入れることで、私たちはみずからの行動の中に愛を発達させるのです。そして、意志の働きを思考内容の中に組み入れることで、私た

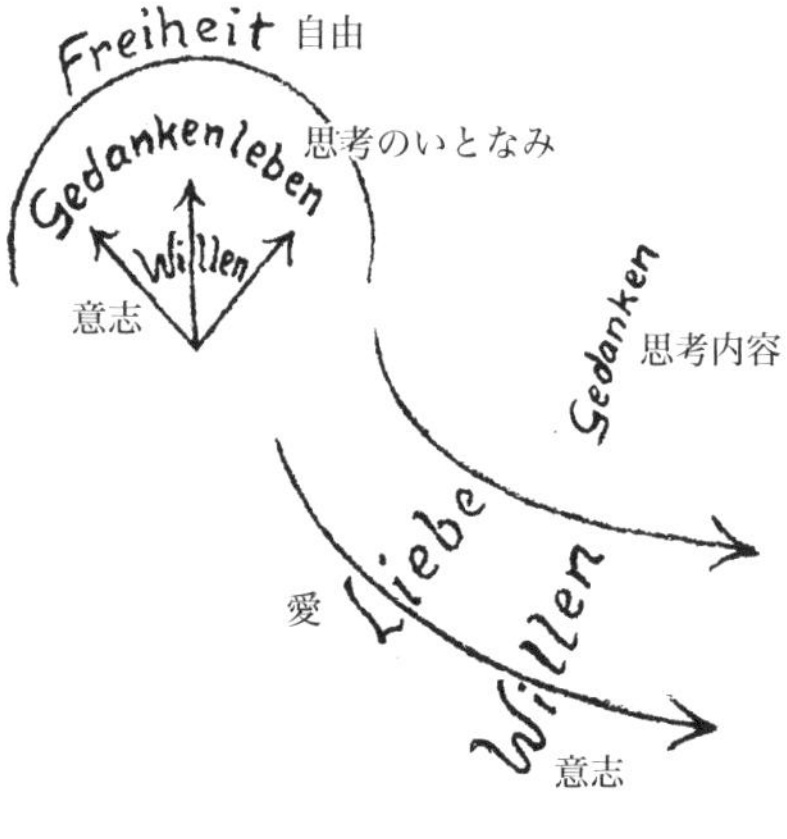

[図13]

ちはみずからの思考の中に自由を発達させるのです。

私たちは人間として、それぞれがひとつの全体であり、総合体なのですから、私たちが思考のいとなみの中に自由を、そして意志のいとなみの中に愛を見出すようになるとき、私たちの行動の中に自由を、私たちの思考の中に愛を共に働かせるようになるでしょう。

自由と愛は互いに光を送り合います。そのとき私たちは愛の中でひとつの行動を、ひとつの思想ゆたかな行動を遂行し、そして、そこから自由の中での行動が生じる意志に充ちた思考を遂行します。

皆さん、人間の中には二大理想が互いに結び合って生きています。自由と愛の二つです。この世で生きる人間は、この二つをこの世のために結びつけることで、自己実現を計るのです。

そこで、あらためて考えてみましょう。いったい何によってこの理想、この至高の理想を、意志の力に浸透された思考生活の中で実現できるようになるのでしょうか。そうです。もしも思考生活が物質上の経過にしか関わろうとしないなら、意志が思考内容の領域に働きかけ、意志がそこでますます力を発揮するようになることはできないでしょう。考えてみて下さい。もしも物質上の経過だけしか存在せず、意志がせいぜい有機的に働きかけるだけだったとしたら、どうでしょうか。意志が有効に働くことができるのは、思考生活そのものが何も外的な物質的現実と関わりをもたず、外的な物質的現実を欠いているときだけなのです。

どうしてなのでしょうか。ひとつのイメージから始めるなら、なぜそうでなければならないかが分かってくると思います。――みなさんがここに鏡を持っており、ある対象物がその鏡に映し出されているとします。皆さんが鏡の背後を見ても、そこには何もありません。鏡の中にしか映像はありません。私たちの思考内容はこのような映像の在りようを示しています。どうしてそのような映像なのでしょうか。

どうぞ、思考生活について申し上げたことを思い出して下さい。思考生活そのものは、現在のこの瞬間、まだまったく現実ではない、と申し上げました。思考生活は私たちの誕生以前のところから輝いてくるのです。受胎以前の生活から、とも言えます。思考生活の現実性は死から新たな誕生までの間にあるのです。ちょうど今、ここで鏡の前に対象物があり、そして映像だけが鏡から生じるように、私たちがいとなんでいる思考生活は、基本的に、死から新しい誕生までの間にまったく現実的に生き続け、生まれてからの生活の中に輝き入るのです。

思考する存在としての私たちは、今、自分の中に鏡像としての現実だけしかもっていません。そして、そうであることによって、私たちの新陳代謝から輝きのぼるもうひとつの現実が、思考生活の単なる鏡像としての現実に浸透することができるのです。

思考生活が鏡像となって存在しているということは――こんにち非常に稀なことですが――、私たちが何にもとらわれずに思考しようとするとき、もっとも純粋な思考生活である、数学上

の思考を行うとき、はっきり見てとることができます。

数学上の思考はまったく私たちの内面から現れてきます。しかし、その思考生活は鏡像であるにすぎません。もちろん私たちは数学を通して、一切の外的対象を規定することができます。しかし、数学上の思考内容そのものは、まさに単なる思考内容にすぎません。単なる像の在りようしか示していません。その思考内容はなんらかの外的現実から獲得されたものではありません。

カントのような、抽象的思索に集中する人は、抽象的な言葉を用います。そして数学の表象内容はア・プリオリに（先験的に）存在する、と言います。ア・プリオリとは、何か別のものが存在する以前に、ということです。しかし、なぜ数学の表象内容はア・プリオリなのでしょうか。なぜなら、数学の表象内容が生まれる以前の、もしくは受胎以前の在りようから輝いてくるのだからです。そのことがこの表象内容の先天性を決定づけているのです。

そして、この表象内容が私たちの意識にとって現実的であると思えるのは、その表象内容が意志に浸透されているからなのです。意志の浸透がこの表象内容を現実的にしているのです。どうぞ考えてみて下さい。近代の思考は、なんと抽象的になってしまったことでしょうか。近代の思考は、現実性がはっきり見通せないものに対して抽象的言葉を用いるのです。私たちが数学を私たちの誕生以前の在りようから持ち込んでいること、そのことをカントのような人は

感じとって、数学的判断をア・プリオリと呼びました。しかし、ア・プリオリ以上のことは何も言いませんでした。なぜなら、何も現実性を示唆することもなく、もっぱら形式の問題を示唆するだけだったのですから。

古い伝統はまさにこの部分［図14］、思考生活がいとなまれるところ、現実になるためには意志が浸透しなければならない像としての在りようが示唆されているところについて、仮象について語っています。

皆さん、もう一方の極に眼を向けて下さい。そこでは思考内容が意志に働きかけ、事柄が愛において成就されるのです。そこでの私たちの意識は、現実に向き合い、はね返されています。皆さんは闇のあの領域に眼を向けることができないのです。――意識にとっては闇の領域なのです。そこでは皆さんが腕を上げたり、首を廻したりして、意志が力を発揮しています。皆さんがまだ超感覚的な表象をもてずにいる場合は、です。

皆さんは腕を動かします。そこに生じる複雑な経過は、深い、夢のない眠りに沈んでいるときと同じように、通常の意識には無意識に留まっています。私たちは自分の腕を見ます。手が何かをつかみます。そういうすべては、表象、思考と結びついて行われます。しかし、私たちの意識の中にある思考内容そのものは、ここでも仮象に留まっています。しかし現実にあるのは、私たちが生きていることであり、そのことは通常の意識には届いていません。

古い伝統は、この場合、権限（ゲヴァルト）について語りました。なぜなら、私たちの生きている現実は、思考内容に浸透されていますが、そのときの思考内容は、生まれてから死ぬまでの人生の中では、そこからはね返されてしまっているのですから［図14］。

この二つの間は調整がなされています。頭のほうへ働きかける意志、私たちの行動を愛で充たす思考内容、この二つが互いに結び合うのです。意志の働きを目指すこともできるし、思考内容を目指すこともできる情感に充ちた生活です。

私たちは通常の意識においては、ひとつの要素の中で生きています。それによって私たちは、一方では自由を志向する、意志に貫かれた思考があり、他方では行動に移ろうとする働きにますます思考を浸透させようとする試みがあります。そして、この両方を結ぶための橋を架けようとする働きは、古来、「叡智」と呼

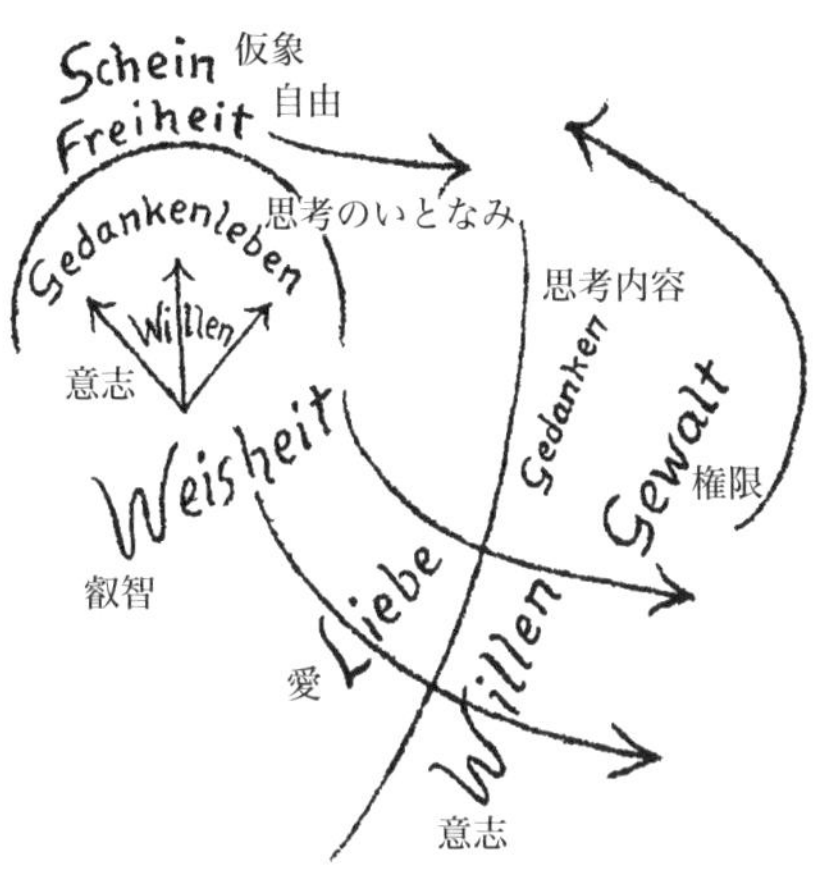

［図14］

ばれました［図14］。

ゲーテは『緑の蛇と美しい百合姫』の童話の中の三人の王、金の王、銀の王、青銅の王として、この古い伝統を示唆しました。私たちはこれまで別の観点から述べてきましたが、この三つの要素は、まったく別の形式で復活されなければなりません。私たちが霊視、霊聴、霊的合一の認識を受け容れるときにのみ、古い本能的な認識が示唆していたこの三要素をふたたび甦らせることができます。

しかし、人間がみずからの思考生活を発達させることで、一体何が生じるのでしょうか。ひとつの現実が仮象になるのです。このことは非常に重要なことですから、私たちがよく分かっていなければならないことなのです。

私たちは自分の頭を担っています。頭は骨化として、骨になろうとする傾向として、すでに外から見ても、頭部以外の新鮮な身体組織に対して、死せるものを示しています。私たちは、生まれてから死ぬまで、頭の中に太古には現実であったものを仮象として受け継いでいます。そしてその仮象を、頭部以外の生体の新陳代謝に由来する意志の現実要素で充たすのです。そのときの私たちは、萌芽を形成しているのです。その形成は、はじめは私たちの人間性の内で経過していますが、宇宙的な意味をもっています。

考えてみて下さい。一人の人間が、ある年に生まれました。それまでのその人は、霊界にい

ました。霊界では現実であった思考内容は、自分の中で仮象になっています。そして、この仮象の中に意志活動を持ち込むのですが、この意志活動は、まったく別の方向に由来するものなのです。自分の頭部以外の生体から上ってくるのです。このことによって、仮象の中に死んでいった過去が、意志の働きによって、未来の現実に呼び覚まされるのです。

正しく受けとめて下さい。人間が純粋思考に、つまり意志に浸透された思考に高められるとき、何が生じるのでしょうか。仮象が消し去ったもの、つまり過去の現実と自我の本性に由来する意志との受精によって、人間の中で、新しい現実が未来へ向って発展していくのです。人間は未来への萌芽の担い手なのです。

過去の現実の思考内容が母胎です。そして、この母胎の中に個的なものに由来するものが沈められます。そして、萌芽が未来へ、未来の生命のために送られます。

人間はその一方で、自分の行動、自分の意志活動に思考内容を浸透させることで、愛の行為をまっとうします。愛の行為は、当の人間から離れます。私たちの行動は私たちの中に留まってはいません。宇宙の出来事になるのです。その行動が愛に貫かれたものだったら、その愛も宇宙の出来事になります。利己的な行為は、愛に貫かれた行為と、宇宙的に違うのです。私たちは仮象から意志の受精を通して、私たちの内部から生じるものを発達させますが、そうすることで頭から宇宙の中へ流れ出るものが、私たちの思考内容に浸透された行動と出会うのです。

植物が成長して、花に種を宿すとき、外の太陽の光と出会い、外の大気と出会うことで萌芽が成長できるように、自由を通して成長するものは、行動の中に生きている愛を通して、成長要素を見つけなければならないのです［図14］。

このように人間は、本当に宇宙生成の中で生きています。そして、人間の皮膚の中で生じる事柄は、そして行動によって皮膚の外に流れ出る事柄は、その人にとって意味があるだけでなく、宇宙の出来事として意味があるのです。だから人間は宇宙的な出来事の中に組み込まれているのです。

太古に現実であったものが人間の中で仮象となることで、現実性が絶えず解消されます。そしてこの仮象が意志によってふたたび実ることで、新しい現実性が生じます。ですから皆さん、私たちが別の観点からも語ってきたことを、どうぞ霊的に受けとって下さい。つまり、素材は恒常的なものではないのです。素材は仮象に変わります。そして仮象は、人間の意志によってふたたび現実に引き上げられます。物理的な世界観の中に持ち込まれている素材と力の恒存の法則とは、幻想にすぎません。なぜなら、物質的自然しか見ていないのですから。真実のところ、素材は絶えず過ぎ去り、仮象に変わります。そして新しいものが現れます。宇宙における最高の被造物としての人間によって、仮象がふたたび存在へと変化されるのです。

その一方で、私たちは別のことも見ることができますが、今述べた場合ほど容易ではありま

せん。なぜなら、最後に自由にまで導いてくれる経過は、とらわれぬ思考によってしか本当のところが洞察できないからです。しかし、そのためにこそ、霊学があるのです。実際、通常の意識だけでは強力にはね返されてしまいます。

もちろんその強力に撥ね返す力には、思考内容が浸透しています。しかし、通常の意識の中で、まさにこの場合のように、意志が、結論づけがますます思考世界の中に働きかけてきています。ですから、私たちが思考内容を意志の働きの中に持ち込み、ますます強力な力を排除するなら、単なる力の支配の中にますます思考の力を浸透させていくようになるでしょう。人間の一方の極に素材の克服を、他方の極に素材の新たな甦りを見てとることができるのです。

私の著書『魂の謎について』の中で、少くとも暗示的な仕方で述べましたが、人間は三つに分節化された存在なのです。すなわち、人間は、神経・感覚系の存在としては思考生活、知覚生活の担い手であり、リズム系の存在、呼吸・血液循環系の存在としては、感情生活の担い手であり、新陳代謝系の存在としては意志生活の担い手です。

しかし、意志がますます愛の中に発展していくとき、人間の中の新陳代謝はどうなっていくのでしょうか。

人間は行動する存在であることで、素材を絶えず克服しています。そして人間が自由な存在として、本来意志的な性質をもっている純粋思考の中に発展していくとき、人間の中で何が生

じるのでしょうか。素材が生じるのです。

素材成立の経過に眼を向けますと、私たちは自分の中に素材を成立させるものを担っているのです。すなわち、私たちの頭をです。けれども私たちは、自分の中に頭を消滅させるものをも担っています。つまり素材を消滅させる私たちの肢体系・代謝系の生体を担っているのです。

こうして全体としての人間の本質が見えてきます。私たちの意識の内部で、たいていは抽象化して把握されているものは、現実の要素として宇宙の生成に関与しているのです。そしてまた、宇宙生成の中にあって、通常の意識では現実であるとしか思えないものがゼロにまで解消されてしまうのを見てとります。

私たちの通常の意識は、外的な現実ではやっていけなくなると、少くとも原子という硬直した現実に頼ることになってしまいます。そして、自分の思考力ではこの硬直した現実から解放されることができないので、その原子をあれこれ互いに結びつけます。あるときは水素が、別のときは酸素が、さまざまに組み合わされます。ひとたび思考内容として確保したものを、現実の中でも確保した、と考えてしまうのです。

人間が硬直した、永遠に変わらぬ原子を取り上げるのは、人間がすがっている思考が弱いからでしかありません。現実に即した思考から見ると、素材が絶えず解消され、ゼロにまでなるのです。

私たちが素材の恒存について語れるのは、素材が消えても、ふたたび新しい素材が生じるからにすぎません。たとえば、一定の量の資料が或る家に持ち込まれ、そこで模写されたのですが、資料そのものは焼失してしまいました。そして模写されたものが世に出ました。そういうとき、私たちは、持ち込まれたのと同じものが出て来たのを見て、同じものだ、と思うとします。それと同じ間違いに耽っているのです。実際は、古い資料が燃えてしまい、新しく書き写されたのです。

　同じことが宇宙における生成にも言えます。そして、この点にまで私たちの認識を進めることが大切なのです。なぜなら、人間の中の素材が消滅して、仮象になり、新しい素材が生じると、そこに「自由」の可能性が、そして愛の可能性が現れるのですから。自由と愛は、私の『自由の哲学』で示唆したように、一体を成しているのです。

　なんらかの世界観に則って、素材の不滅を主張する人は、一方で自由を否定し、他方で究極の愛を否定しています。なぜなら、人間の中で過去のものが完全に消滅して仮象になり、そして未来のものが新たに生成し、すべてが萌芽になることによってのみ、過去のものに左右されることのないものへの帰依が、つまり愛の感情が生まれるのですから。そして予め定められているのではない行為が、つまり自由が生まれるのですから。

　自由と愛は、霊学的世界観によるのでなければ、本当に理解することができないのです。こ

こ数世紀以来の世界観に取り込まれて生きてきた人なら、近代人の通常の思考に捉われていない霊学的思考を身につけるには、どれほど多くの困難を克服しなければならないか、分かって下さるでしょう。実際、近代の自然科学的世界像の中には、自由と愛を本当に理解するようになるための、いわば拠りどころが、どこにも見出せないのです。

自然科学的世界像が一方では人類の霊学的進歩に対して、他方では古い伝統的な世界像に対して、どのような態度をとらざるをえないか、それについては、いつか、別の機会にお話ししようと思います。

今をどう生きるか

解説に代えて

横浜にて

2021年 3 月20日

［講演］

高橋　巖

今日のテーマ「今をどう生きるか」についてあれこれ考えていたのですけれども、「今をどう生きるか」には、主語がありませんよね。これは私なのか、われわれなのか、現代人なのか。そんなことまでちょっと考えてみたのです。今、私の中では、これを「私」と考えてみたいと思っています――「私は今をどう生きるか」。

まず冒頭に、その「私とは何か」についてちょっと一言コメントさせていただいて、それを踏まえてどう生きるか、という問題を考えたいと思います。

シュタイナーの思想というのは一口で言うと、自己認識の問題なのです。古代ギリシアのデルポイの神殿に記されていると言われている「汝自身を知れ」という言葉が、シュタイナーにとっての一番基本的な重要なテーマになっていて、いろいろな角度から「自分とは何か」ということを考えるのがシュタイナーの思想の基本的な立ち位置というか、思想の在りようだと思うのですけれども、そのときの自分自身というのが、シュタイナーの場合、非常に独特なのです。

なぜかというと、「私」という言葉は、そもそも対象化できませんよね。自分はここにいて、

何か問題があったときに、それと向き合う、というときの対象にはできません。いつでも主体です。自分が対象と向き合う。自分が今生きている、ということを確認する。その「自分」がシュタイナーの場合、非常に意味が広いのです。

先ほど、「人間よ、汝自身を知れ」と言ったのは、シュタイナーの『秘教講義』の基本的なテーマになっているマントラの冒頭ですけれども、そこからすべてが始まって、すべてがそこで終わるというシュタイナー思想にとっての出発点であり終着点でもあって、この「私とは何か」ということを宇宙論としても考えるし、それから認識論としても考えるし、何と言うのでしょうか、今の時代に時代と向き合うときの向き合い方の基本でもあるわけです。私であるから現代という時代なのだ。現代という時代があるから私なのだ。つまり、私と現代とが同じであるのと同じように、私があるから歴史がある、過去の記憶のすべては私によって現代にもたらされて、今生きているものになる。私の本質は時間的存在で、歴史によって自分が生かされている。だから私とは歴史のことだ、という考え方もできるのですね。

一口で言うと、私だから宇宙、宇宙だから私、という自我論なのです。そこから出発していくということを、私自身、自覚的にあらためて意識するようになったのは、わりと最近のことなのですけれども、もう何十年か前、三〇代の頃に、あるドイツ人と日本で親しくなったことがありました。

その方、ヨハネス・グラウヘさんは、高校のときに学校の授業で、ナチス時代のユダヤ人虐殺の話を聞いてすごくショックを受け、それで高校を卒業して大学進学はせず、ドイツ人として謝罪するために徒歩でイスラエルまで赴いたのです。そして、共同体キブツのひとつで、一年間、当地の人たちといっしょに農場で働いて、それからフィリピンに行き、そこである女性と知り合い、二人で日本に来たのです。その後、彼はドイツへ帰って、シュタイナー学校の先生をされていたようなのですけれども、グラウヘさんからイスラエルにいる友人を訪ねるように言われて、私はイスラエルに行き、グラウヘさんの友人宅にお世話になったことがありました。

あるとき、その方と二人で歩いていましたら、いきなり私のほうを向いて、「タカハシさん、あなたにはエーテル体が見えるのですか？」と聞かれたのです。びっくりして、エーテル体が見えるなんてどういうことだろうと思ったら、すぐに、「失礼、ごめんごめん、忘れて下さい」と言われ、それきりになったのですけれども、すごく記憶に残っていて、あのとき彼はどうしてエーテル体が見えるかと聞いてきたのだろうと、ずっと思っていたのです。

その後、何十年か経ったあとで、たまたま『感覚の世界から霊の世界へ』［一九一一年一二月二七日〜一九一二年一月一日、ハノーヴァーでの講演］というテキストを読んで、すごく感動したので、翻訳をして勉強会でとりあげたこともありますが、それを読んだときに、なんかシュタ

イナーに対する見方が根本的に変わったような気がしたのです。それはなぜかというと、そのテキストの冒頭に、物質的な立ち位置から霊的な立ち位置に変わるというのはどういうことか、ということが詳しく説明されているのですけれども、その根本はどこにあるのかというと、対象化して判断する態度だと、どうしても物質の世界から出られない、とあったのです。

そこを読んだときに、私は、エーテル体を考えるときに、エーテル体を対象化して、自分の外に置いて、それが見えるか見えないかと考えていたにすぎない、と思えてきたんですね。霊的な態度というのは、対象化して向き合うのではなくて、対象と自分がひとつに溶け合うということを課題にしていることに気がついたのです。

だからエーテル体を対象化して、それを自分の外に置いて、自分の目でそれを見るか見ないかというのは、そもそも霊的な態度ではない。物質の、あるいは科学の問題になってしまう。エーテル体を体験しようと思ったら、対象化するのではなくて、自分の中でそれを生かす、という課題になりますよね。そうするとエーテル体だけではなくて、そもそも、何かに向き合うときの態度はすべてその問題に結びつく、ということに気がついたのです。

物質の世界での態度をエクソテリック、顕教的、そして霊的な態度をエソテリック、秘教的という分け方をしていますけれども、感覚を通してものを知覚して、その知覚したものを思考の力で判断するという形が、言ってみれば科学的、エクソテリックな態度です。そうではなく

て、エソテリックな態度というのは、全然違う。その中に入っていって、それと自分がひとつだという体験をするとエソテリックになる、というのです。別の言葉で言うと、何かと向き合ったときに、その何かを批判の対象にすると、この世的、つまりエクソテリックなのですけれども、一切批判をしないで、それと自分がひとつになるという方向に行くとエソテリックだ、そういう発想なのです。

以前、「ザ・カラオケ☆バトル」というテレビ番組があって、おもしろいのでよく見ていました。どういうものかというと、歌に自信がある人たちが応募・参加して、その歌唱ぶりを採点され、高得点をとった人がプロに引き抜かれたり、という番組なのですが、興味を引くのは、採点・評価するのが機械なんですね。カラオケマシンが歌う人のあら探しをする。音が外れているとか、リズムが合っていないとか…。立ち会っているメンバーは、目をつぶったり身体を動かしたりして、ひたすら聴き入っていて、ときには感動して涙を流したり。

上手いか下手か、どこに欠点があるか、ということを一切考えないで、ひたすら歌の中に没頭して、歌とひとつになっているような雰囲気といいますか、ひとえに歌う人の中に入り込んで体験している様を見たときに、これはエソテリックな態度だ、と思ったのが自分でもおかしかったのです。これはシュタイナーの言うエソテリックと同じではないか。そんなふうに気づいたのです。

いい悪いは抜きにして、言い換えると批判・判断は一切抜きにして、ひたすらその中に没頭するという態度。それがないと霊的なものが見えてこない、霊的なものとは出会えない、というのが基本的なシュタイナーの立場なのですね。対象化して判断する、というのがこの世的、他方、対象と自分がひとつになって対象を一緒に生きる、という態度になると霊的になる。

この問題は、シュタイナーにおいては社会論とも結びついています。社会思想の中でも同じ態度で社会を見ているのです。シュタイナーは第一次世界大戦の抜き差しならぬ状況に烈しい危機感を持って、この方向でヨーロッパが先へ行ったら、遠からずヨーロッパもろとも世界が破滅に向かって進むことになる、と見通していました。ですから戦後は、もっぱら社会論を語ることにもなるのですが、それと同時に、有機農法とか教育とか、そういう具体的な現実への向き合い方をひたすら語ったのですけれども、そのときのシュタイナーの態度が、先ほど言いましたエソテリックな態度なのです。

だから、シュタイナーの教育はもちろん点数では評価しませんよね。試験も一切ない。どうするかというと、理想的な家庭を教室の中でつくる、というのが課題なのです。どんな家も家庭が理想的とは限らないので、子どもたちに、自分が完全に肯定され生かされている素敵な環境の中で生きていられるという安心感というか、信頼感を持って毎日学校に来られるようにする。それがシュタイナーの教育に対する唯一の課題だったのです。だから、シュタイナーはま

ず点数で評価するという、カラオケバトルの機械の役割を学校の先生はする必要がないと思っていて、子どもが自分の家庭以上に温かい空気を感じとれることが学校教育の前提だ、と考えていたのです。

いじめっ子が出てくると、先生はまずいじめっ子を自分の家に呼んで、一緒に食事したりして、いじめっ子にこんなことを言うのです――「君と一緒にこのクラスを最高のクラスにしないか。君が手伝ってくれたらすごくありがたいんだけどなあ」。こういうふうにして、どうすれば子どもたちが喜んで教室に来るような雰囲気になるかを、先生がいじめっ子と相談するのです。そうすると、いじめっ子は、自分だけが先生に信頼されて、こういう課題を与えてくれた、というので、もちろんイジメたりしないで、逆に他にいじめっ子がいると、そんなことよせよ、というふうに止めるようになる、そういう教育法なのです。

こうした教育の在りようもエソテリックな発想が根底にあって、対象と自分とがひとつに溶け合うということ、まずそこから始めるという立場なのです。エーテル体が見えますか、というところからだと、エーテル体が対象化されて、そのとたんに自然科学的な、唯物論的な態度になってしまうので、エーテル体は姿を現してくれません。でも、自分の中にエーテル体を生かそうとして、自分の外にある何かと自分がひとつになるような働きを自分のエーテル体が成し得たときに、エーテル体を実感できるわけです。そういう点で、いろいろなところでシュタ

イナーは、エーテル体を実感できるチャンスみたいなことを語っていますが、特別大事なチャンスのひとつは、「繰り返す」ということです。

ともかく繰り返しなさい。そうすれば対象と自分がひとつに結びつく、というのです。そのときのシュタイナーの発想はどこか実に日本的で、例えばお茶とかお花とか、ああいう芸道の世界の生き方とまったく同じといっていいと思うのですけれども、ただただ繰り返すのです。もちろん鎌倉・室町時代の繰り返しの文化の基本に仏教があります。そして当時の法然とか親鸞とか一遍とかは、シュタイナーの発想ともよく似ています。自分とは別なところに何かを置いてそれについて判断するというのではなく、対象と自分がはじめからひとつになって、その中で悪戦苦闘するのです。一緒に苦しむのです。

シュタイナーの思想の根底には、こういう繰り返しの発想があって、繰り返すと、繰り返すたびに、見えない何かが見えてくる、というのです。これは焼き物とかを見るときの態度とも通じ合っているようです。シュタイナーの場合、焼き物が本物か偽物かではなくて、そこに焼き物があって、自分にとってまだ無縁な存在だとすると、繰り返し繰り返しそれを見ることによって縁をつける、という発想です。焼き物には興味がありません、で終わるのではなくて、焼き物と縁がなかったら縁をつければいい。それにはただ繰り返せばいいのです。

毎日毎日、焼き物と向き合って、焼き物と話をする。そうすると、その焼き物と自分とに縁

ができて結びついてくる。そうすると、その焼き物に自分のエーテル体が流れていく。エーテル体が流れていくということは、対象と自分がひとつに結ばれていくという感覚なのですね。

いつもペットボトルを例にとりますけれども、このペットボトルを見ていると、何かすごいですよね。何がすごいかというと、ひたすらここに在ろうとして存在している、という感じで存在しているので、存在感がありますよね。その存在感をじっと見ていると、このペットボトルは私にとって芸術作品になってきます。作品として本物か偽物かではなくて、自分にとってこのペットボトルとの縁ができたのです。だから毎日このペットボトルを見ていると、その繰り返しの中でペットボトルと自分との間に縁ができる。そうすると、このペットボトルが感覚的に知覚する対象ではなくて、何か一生懸命存在しようとしているという、何というのでしょうか、ペットボトルの想いみたいなものが自分のほうに伝わってきます。

私にとってのペットボトル君が、今ここに、こんなふうに存在している。のどが渇いて水が飲みたいときに、いつでも自分の中から水を飲んでいいよ、と語りかけてくれる。何かそういうことで、自分と対象が別々ではなくて、対象の中に自分もいるし、自分の中に対象が生きている、そういう感覚が出てくると、それをエソテリック、秘教的あるいは霊的と呼んだのです。

だからこの世のいたるところに霊的な働きがあって、その働きが皆こちらを向いて、一生懸命生きているよ、自分は今生きたいと思ってここにいるよと語りかけてくれる、というのです。

ペットボトルがそういう思いで存在してくれていると、それが私の中で私の一部分になって、あるいは私の仲間になって、今の時代を一緒に過ごしてくれている、という感覚が湧いてきます。それをあらゆる場合に実感することができれば、霊的な体験がそこで可能になります。霊的に体験するというのはそれ以外の何ものでもない、という発想なのです。

このペットボトルと私との関係が、実はあらゆるものと自分との関係の中にも成り立つというところから、シュタイナーにとっての一番大事な社会感覚が生じます。その感覚は、鉱物、植物、動物と人間とが全く同じレヴェルで結びついている、という感覚なのです。ペットボトルは鉱物ですよね。

この頃、いろいろな花が咲き始めています。梅の花が散り、桜の花がやっと開きかけている。足元を見ると、いろいろな野草がきれいな花を開かせ、こちらを向いている。そこに自分がいるということが、自分も植物の仲間のひとりとして、一緒にそれを体験して喜べるということ、このことはすごい恩恵を植物から受けている、という思いに通じますよね。自分がここにいるのは、草花が花開き、いろいろな樹木がそこに立ってくれているおかげだ。そのおかげで自分も一緒に生きていられる、という感覚が湧いてくると、自分と植物はひとつだ、という感覚が出てきます。

動物になればもっと身近ですから、ワンちゃんとかネコちゃんとか、身近に動物がいると、

場合によっては動物の感情のほうが純粋で、人間よりも尊いような感じさえしてきて、動物と人間が違うレヴェルだという感じではなくて、自分も動物の仲間として一緒にイノチを生きているんだ、という思いに駆られますよね。

卵を見ても、そこにただ卵として存在しているようですが、人間のテクノロジーがどこまで発達しても、生卵を作ることは絶対に不可能です。その中にイノチが宿っていて、温めるとそこからヒナが生まれてくるなんていうものを、テクノロジーが作れるわけがありません。小さな豆のタネひとつにしても、ふだん美味しいと思って食べている豆の一粒は地面に埋めれば根を張り、地面に葉っぱを広げる、そして将来、美しい花が咲いてくる。そういう力のあるタネをどんなにテクノロジーを発達させても作れるはずがありません。人間は徹底的に創るほうの造物主ではなく、創られた被造物の仲間ということなのです。

そういうものと人間とが同じ仲間で、互いに助け合って結びつくという感覚で世界を見ることができると、今の時代と全然違った目で世界を見ることができる、とシュタイナーは言います。一方の私たちは、技術と産業と営利主義の資本主義の社会の中で生きていて、一定の時間どこかの会社に勤めて、仕事をこなし、給料をもらって毎日毎日を過ごしているわけですから、現在の金融資本主義のおかげで生かされている、とも言えます。でもその世界は、一切の他者に対する共感、あるいは自分と他者がひとつだという方向の生き方とは逆のありかたをしてい

ますから、シュタイナーは技術と産業と営利主義をこのまま続けて行ったら、地球はまもなく破滅に向かっていくだろう、という強い危機感を抱いていました。今の時代の、いわゆる体制側が担う営利主義、利益があれば地球がどうなってもかまわない。そこまで爆走する営利主義、それが自分たちの生活を支えてくれているので、そこから逃れることはできません。

そうすると、自分も金融資本主義の流れの中で、地球の破滅に向かって一緒に働いている、ということになってしまいます。そこで、この問題に対してどういう態度をとったらいいのか、ということになります。シュタイナーはこうした地球そのものが完全に資本主義社会の中に取り込まれて、地球がどうなろうと儲かりさえすればよいという発想の生き方を、否定しないでむしろ肯定しているのです。なぜかというと、それはすでに既成の事実ですから、否定のしようがない。ですから、それに向かって全然違う生き方を提示することで、二つの生き方を自分の中で両方とも認めながら悪戦苦闘するという道を、非常に重要視することになるのです。

悪戦苦闘するのですね。悪戦苦闘するとどうなるかというと、自分の中の、何というのでしょうか、自分の中の自我、自分の中の魂がそれによって鍛えられ強くなっていく。自分の魂を強くするには悪戦苦闘する場所がなければならない。その悪戦苦闘する場所に、技術と産業と営利主義の世界が自分に向かって課題を投げかけている、というのです。この問題をシュタイナーは、やはり非常に重要な問題として受け止めるように、と言っているのです。

何が問題かというと、二〇世紀、二一世紀になって決定的に時代が変わってきた、というのです。何が変わってきたのかというと、シュタイナーの言うその変化の仕方がすごいのですけれども、輪廻転生が具体的に体験できる時代が来た、と言っているのです。つまり、生まれてから死ぬまでが自分の人生ではない。自分の人生というのは、何度も何度も生まれ変わって今の自分に到ったので、今の自分がまた死を迎えると、また霊界で霊的な体験を送ることで、次の時代に生まれ変わるエネルギーを持って生まれてくる、その繰り返しが人生だ、というのです。今の時代は理屈ではなくて、誰でも実感するような時代に変わってくる、それが現代の過渡期の意味だ、と言っているのです。

どういうことかというと、シュタイナーの説明に従うと、記憶するということは、考えていないと記憶に残らない、ということにほかならない。家を出るとき、鍵をかけて外に出ますが、そのとき、他のことを考えていると、あとで鍵をかけたかどうか思い出そうとしても絶対に思い出せないので、戻ってきて確かめるしかなくなる。歯を磨くときに全然別のことを考えながら磨くと、あとで歯を磨いたか思い出そうとしても忘れてしまっている。

つまり、思い出すということは、一度考えたことを思い出すことだ、ということをまず言うのです。意識をそこに集中させれば思い出せる。他のことを考えていたら思い出せない。今この世に生きている人たちの大部分は、前世において、自分が生きていることに対して徹底的に

考えていたので、その人たちが今この世で生きるとき、皆前世のことにこだわって生きている。ただ、それが前世だということには考えが及んでいないけれども、この世に生まれてから出てくる何かではなくて、あらかじめ持ってきた何かで生きているということに気づくような時代が来ている。その証拠が、今の時代に納得できない人が増えてきているということに現れている、と言うのです。

以前、ある週刊誌で「こじらせ女子」という特集が組まれたことがあって、すごくおもしろく読みました。今、自分をこじらせている、いわゆる「こじらせ女子」がいる。自分と今の時代がしっくりこないということを感じて悩んでいる人のことを、「自分をこじらせている」というのですね。今の時代が自分にとってしっくりこないというのは、前世の記憶がそういう形で感情となって現れているからだ、と。前世の記憶はまず感情となって現れるので、感情が今の時代を自分に合わない時代だと思うようになってきた、そういう説明なのです。こんなはずはない、みたいな感覚でこの世の人生をどこかで生きているとすると、その感覚は、前世の記憶が感情となってそういう形で現れている、と言っているのです。

今の時代を一〇〇パーセント納得して生きていられないことを、シュタイナーは前世と結びつけているので、なんか「こじらせ女子」は私にとってすごく面白いテーマだと思うのです。過去の記憶が感情となって甦るということの理由についてシュタイナーは何も言っていません

けれども、自分のことを考えると、どこかで納得したくなるようなところが私の中にありまして、確かに感情でこの世に対して納得できないものが、十代の後半から二十代にかけての自分の中にあったと思っていたのですけれども、その理由が分からなかったのですね。

このごろ外国へ旅行に行く方が増えていますけれども、外国へ行きたい、という感覚もなんかそれと結びついているような気もします。今の日本の状況に納得できないけれども、その納得の理由が分からないので、自分を責めて、自分をこじらせている。男でも女でも同じですよね。理由は分からないけれども、こんなはずはない、この世に生まれてくるプロセスを思い出すと、「こんなはずはない」という感覚が感情になって出てきている、というのですけれども、皆さん、どうお思いになるでしょうか。

今の時代は、生まれてから死ぬまでの人生がすべてではないということに皆気がつき始めた、とシュタイナーは言います。だから死んだあとでも、その人は生き続けるどころか、むしろこの物質の世界での人生を初めて対象として持つことができるようになるのは、死んだあとからだ。死んだあとで、自分のこの世の人生を振り返って、新しい衝動がそこから生まれてきて、次に生まれてくるときに、その自分の思いが次の人生で満たされるように、それが無意識ではなくて、意識の中で生き始めているのが二〇世紀、二一世紀の新しい時代の始まりだ、と言っているのです。

だからこのあと、肉体がすべてで、死んだらゼロになるという唯物論の発想ではもう済まなくなる。死んだあとの人間も生き続けている。それどころか、死んだあとで初めて自分の人生の意味がはっきり学べるみたいな、そういう時代が今の時代になってきている。シュタイナーは、そんな時代のために『神智学』や『神秘学概論』を書いたのだ、ということをいろんなところで示唆しています。

シュタイナーはご承知の通り社会主義者に近かったのですね。社会主義者というよりはアナキストだったので、アナキストの親しい友達が何人もいました。大杉栄と同じ時代ですので、シュタイナーと大杉栄がどこかで出会ったら面白かっただろうな、と思ったりするのですけれども。大杉栄のエッセイを読んでみると、本当にあの人は霊的な感覚を持っていて、ベルグソンなどを研究しつつ、今の時代に対してシュタイナーと同じような危機感を持っていたのです。

シュタイナーと大杉栄の共通点としてすごく大事なことは、時代に対する態度です。徹底的に時代と一緒に生きようとする態度がすごく似ている。大杉栄もシュタイナーも、基本的に今の時代を忠実に生きようとしています。時代に対して正直で、時代に対して誠意を持ち続けている、というのでしょうか。今生きている時代があって自分も今そこにいるという、そういう感覚がすごくはっきりしているのです。シュタイナーの社会論を読むとそれがはっきり出ていますけれども、大杉栄の著作でもそのことが分かりやすい文章で書かれているのです。大杉栄

大正時代に、の文章というのは、今でもそのまま現代文として通用するぐらい分かりやすくて、大正時代に、「私」と言わないで「僕」と言っています。

そういう意味で、最近シュタイナーと結びつけてよく考えているのは、三島由紀夫のことです。

去年の一一月の二五日、三島由紀夫が自決したのが一九七〇年の一一月二五日ですので、去年（二〇二〇年）はちょうど五〇年経たのですね。『芸術新潮』（一二月号）の三島由紀夫特集号など、三島像の見直し、三島文学の再考の気運が高まっていました。とくに私が読んですごく感動したのは、ひとつがこのごろ始終持ち歩いているのですけれども、『文化防衛論』（ちくま文庫）、晩年のエッセイを集めたものです。もうひとつは『太陽と鉄・私の遍歴時代』（中央公論社文庫）で、死ぬ五日前の対談も含めたやはり最晩年のエッセイです。

『文化防衛論』の一番最後のところに、亡くなったのが一一月二五日ですが、同じ年の七月七日、「果たし得ていない約束」という文章を新聞に載せています（産経新聞夕刊）。これを読んだとき、本当にびっくりしたのです。短い文章なので、ちょっと読ませていただきます。

果たし得ていない約束

何が果たし得ていないのかというと、三島由紀夫は戦後民主主義というのを自分の敵と考えていて、この敵と戦う約束がまだ終わっていない、戦後民主主義と戦うという「果たし得ていない約束」。副題に「私の中の二十五年」とある短い文章です。冒頭にこうあります——

私の中の二十五年間を考えると、その空虚に今さらびっくりする。私はほとんど「生きた」とはいえない。鼻をつまみながら通りすぎたのだ。

二十五年前に私が憎んだものは、多少形を変えはしたが、今もあいかわらずしぶとく生き永らえている。生き永らえているどころか、おどろくべき繁殖力で日本中に完全に浸透してしまった。それは戦後民主主義とそこから生ずる偽善というおそるべきバチルスである「——黴菌だ、と言っているのですね」。

そして、最後にこう締めくくります——

私はこれからの日本に大して希望をつなぐことができない。このまま行ったら「日本」はなくなってしまうのではないかという感を日ましに深くする。日本はなくなって、その代わりに、無機的な、からっぽな、ニュートラルな、中間色の、富裕な、抜け目がない、

　或る経済的大国が極東の一角に残るのであろう。それでもいいと思っている人たちと、私は口を利く気にもなれなくなっているのである。

こういう終わり方なのですけれども、五〇年前に三島由紀夫が決定的に時代と共に、特に日本の時代と一緒に生きてきて、二五年間、いつも日々感じさせられている戦後民主主義、それが日本人の魂をいかに傷つけたか、そして三島は、自分がそれに対して何ていい加減な態度で見過ごしてきたか、それを反省しているのですね。

「日本はなくなって、その代わりに、無機的な、からっぽな、ニュートラルな、中間色の、富裕な、抜け目がない、或る経済的大国が極東の一角に残るのであろう」というのは、三島の遺言としてはなんかすごく辛かったろう、その後を生きてきた私たちにとって、果たして三島の想いに応えているかというと、やっぱり三島自身と同じように黙って見過ごしてきているのではないか、という気がするのです。その結果、日本という国にモラルが、日本独自の生き方、日本独自のモラルというのが見えなくなって、ヨーロッパのどこか、あるいはアジアやアメリカやアフリカのどこかにあってもおかしくないような、ニュートラルな、言い換えればグローバルな経済大国が現在の日本だ、という三島の告発。なんかすごく今の時代を予見して語っているように思うのです。

シュタイナーはやっぱり三島と同じように、ドイツやヨーロッパに対してまったく同じような感覚で、このまま行ったらヨーロッパは滅びる、と思っていたので、そこのところもちょっと読ませていただきます。

これは『第一次世界大戦の背景』という全部で五回の講演集で、まだ世界大戦のさなか、一九一七年の九月末から一〇月にかけての講義録なのですけれども、二ケ所、大事なところを読ませていただきます。シュタイナーがまったく三島由紀夫と同じように、時代と、それから国に対する想いを語っているギリギリの文章です。第二講（九月三〇日）から——

……現在、この戦争の時代になってますますはっきりと、人類の進化における知的生活と道徳生活との間の矛盾、不一致が人びとの魂にとっての深刻な謎になっていることに気づかされています。そういう人びとの思いは、次のように述べることができるでしょう。——知的な生活は何という大きな進歩を遂げてきたことだろう。人間の知性は科学を発達させ、唯物的な世界観を生み出し、自然法則を探求し、支配し、その結果、あらゆる種類の機械を、近年は特に殺人道具を開発してきた。他のことについても人びとはこの自然科学の立場から考察を深めるだろう。食物を分析することによって、化学食品を生産するようになるだろう。けれども化学食品が、同じ成分から成り立っているとしても、自然食品

と同じものとは言えないなどとは、夢にも思っていないのだ。

主知主義的、もしくは科学的な進歩は上昇線上を辿っています。人間の道徳は、それと同じように進歩してはいません。もしも道徳が知性と同じように進歩していったとすれば、現在の世界破局は生じたでしょうか。今進行しているのと同じ仕方で破局が生じたでしょうか。まさに、人間の道徳的進歩が生じなかったからこそ、そして知性の進歩が反道徳的な在り方をするようになったからこそ、こんなにも多くの点で破壊が進んでしまったのです。

もうひとつ、第四講（一〇月六日）から――

事態を正しく把握するなら、目の前にある重要な、決定的な深刻な事態から目をそむけるわけにはいきません。文化は技術、産業、営利主義の方向に沿って前進していかなければなりません。しかし、こういう方向へ向かって前進していく文化は、本質的に、物質界での人間の幸せに役立つことはありません。その本質上、この幸せを破壊するしかないのです。こういう真実は、文化の偉大な進歩について長広舌をふるっている人たちには不愉快以外の何ものでもないでしょう。そういう人たちは抽象的にしかものが考えられません

から。人類の進化の上昇する歩みと下降する歩みについては、全く分かっていないのです。アトランティス時代について皆さんにお話しした事柄が、アトランティス時代の没落に導いて別の人類の出現を可能にしたように、今始まっている営利中心の産業的、技術的な文化が、地球紀の第五期の没落へ導く諸要素を内包しているのです。そして今、われわれは破局を必然的に生じさせる事柄に従事し始めている、と告白する人だけが、現実を直視して、今、目の前にある事柄に目を向けているのです。

どうでしょうか。三島由紀夫と似ていないでしょうか。同じように時代に真剣に結びついて生きようとしていて、その時代に歯が立たないと思って、三島は自決することで自分を最後に表現したと思うのですけれども、シュタイナーはひたすら、この地上のいい部分をもっともっと掘り起こそうと思って、有機農法とか、あるいは教育、実際的な目に見える文化の中で、新しい方向を探そうとして、晩年はそれに全エネルギーを費やした人です。だから私たちがあらためて「今を生きる」ということを考えるとき、二つの道があると思うのです。

要するに、ひとつは技術と産業と営利主義と共に生きる道。もうひとつは、シュタイナーがここで言っているように、ありとあらゆるこの世のものと徹底的に結びついて、そのものと自分との関係が、見るものの中に対象が存在し、対象の中に人間が生きているという、そういう

関係を持つという道。シュタイナーはその二つを、後者をルツィフェル的、前者をアーリマン的と呼んでいて、両方とも大切な、必要なものだ、と言っているのです。問題は、その両方の真ん中に立っていかに両方を結びつけるか悪戦苦闘する、それが今の我々の課題だ、と。

ものと自分とが同じという発想。鉱物も植物も動物も人間も仲間同士だ、その仲間たちを生かし続ける、何とかして仲間と一緒に生き続けたいという願いと、もう一方は営利主義で、どうすれば得をするのか、どうすれば給料をあげてもらえるのか、技術と産業と営利主義の中で生きる自分と、両方必要だ、とシュタイナーは考えています。

その間で悪戦苦闘することをミカエルと呼んでいるのです。「今、ミカエルの時代が来た」と言うのですね。ミカエルの時代になったとき、一方の地球を破滅に追いやろうとする技術と産業と営利主義の中でも生きるし、同時にそれと反対の霊的な生き方、すべてのものとひとつになって生き続けようとするもう一方の生き方、その間に立って悪戦苦闘する、それをミカエルと呼んで、その悪戦苦闘を共に繰り返すということを皆と共有したい、と願ったのです。

何かとっても今の時代と同じ問題をシュタイナーが語っていると思うし、三島由紀夫もすでに今の時代を予見して語っているようにも思えますけれども、この問題が私の中で、今日ここに来ていただいたり、オンラインで参加して下さったりした方々と、今の非常に生きづらい大変な崖っぷちのこの人生の中で、どうしたら大変な問題を共有できるのか。それをぜひ一緒に

考えていただければと思っています。結論はありませんよね。ただ考えるだけで十分なのです。

何か大変な時代を今一緒に共有しているわけです。地球全体の人口から比べたら、ここで一緒にシュタイナーの問題を考えて下さっている人の数というのは、奇跡に近いほどごく僅かで、そのごく僅かな方と同じ問題を考えるということが今どんなに大事なことか、それをあらためて考えさせられています。

今、二一世紀のこの時代に一緒に生きているということの、何かありえないくらいの奇跡のような出会いですよね。二〇二一年の三月二〇日に、同じ場所で同じ問題を一緒に考えて下さる方々がいるということの奇跡のようなありがたいこと、これからの大事な問題として、一緒にこの時代を戦って生きていきたいと思うのです。

先ほどのことと違うかもしれませんけれども、シュタイナーの大事な言葉で、いつも自分で何かにつけて思い出す言葉があるので、最後にそれを申し上げて、一緒に考えていただきたいと思います。

シュタイナーは「時代霊」という言葉を使うのですけれども、その時代その時代を導いてくれる霊的な働きがある、というのです。それを時代霊と呼んでいて、今の時代の時代霊はミカエルという言葉で呼んでいるのですけれども、ミカエルは戦う神ですよね。悪戦苦闘する神、だから当然戦う相手がいるわけですが、その戦う相手、シュタイナーはそれをルツィフェル的、

アーリマン的と言っているのですけれども（それは単なる形容詞にすぎませんが）、シュタイナーはこういうことを言っているのです。

――時代霊は対象化して考えるものではありえない。時代霊というのは、対象化できない。関わって、結びつき、参加することで分けてもらえるような何かだ。自分の認識の対象にすることはできなくて、ともかく関わっていく。関わって、結びついて、参加することで分けてもらえるような、そういう働き、それが時代霊の働きだ。だから、いたるところに時代霊は生きている。でもそのためには、そこに関わって、結びついて、つまり自分の問題にして、そして悪戦苦闘したときに分けてもらえる何か、それが時代霊だ、と。

このシュタイナーの言葉も三島由紀夫の言葉と共通しているような気がしているのです。つまり、結果がどうこうではないのですね。何をやったか、の問題なのです。それも、やったことの内容が問題なのではなく、やっているということだけが問題なので、やっていれば、実際は何でもかまわない。今の時代に何でもいいから、やる。そうすると、そこに時代霊が働いてくれる。こういう発想なのです。安易な発想といえばすごく安易かもしれませんが、逆に言えば、概念で処理できない、非常に難しいことだと思うのです。

ここをぜひ考えていただきたいのです。何でもいいのです。関わって、結びつく。カラオケでも、どこかに旅行するのでも、あるいは皆で集まってパーティをするのでもいい。ともかく

何かをやるのです。関わって、結びついて、参加することで分けてもらえる何か。要するに、どんな社会的な行為でも、その行為があれば、そこに時代霊が働きかけてくれている。時代霊であるミカエルはどんなところにも現れる、そう言いたいのです。

それでシュタイナーは何が言いたいのかというと、今の時代はどんなことをやっても全部OKです。大丈夫です、と言っているのです。何もやらないと関われない。ミカエルが結びつこうと思っても結びつけないので、どんなことでもいい、というのです。だから、喧嘩するのでも、仲良く喫茶店で談笑するのでもいい。何でもいいから何かをやるということをシュタイナーは、とても重要視していて、それを「さすらい」と呼んでいるのです。

さすらうというのは、一定の目的地があってそこに向かって進んでいくのではなくて、目的地はないけれども、一生懸命動いている、その状態を「さすらい」と言いますよね。不思議なことに日本では、その状態を聖なるものとみなして、「サスラ姫」という神様がいます。

戦後のあるとき、韓国から日本に旅行してきたオ・ソンファさんが『スカートの風』という本を書いていますが、日本中を旅行しながら、日本の神様にはサスラ姫がいると知ってびっくりしたとのことです。まるで自分のための神様のように思えた、と。ところが、日本人に聞いても誰もサスラ姫のことを知らなかったのでまた驚いた、と書いてありましたけれども、さすらうという生き方、それがすでに霊的なのだ、とシュタイナーも言っています。目的を持って

どうこうするのではなくて、さすらうだけで十分生きている意味がある、と言いたいのですけれども、でも、何もしないのではなくて、さすらっているのです。そうすると神様に出会う、と。

今日はあまりまとまりのある話はできませんでしたけれども、最近考えていることをぜひ聞いていただきたいと思って話をさせていただきました。

（朝日カルチャーセンター横浜教室　二〇二一年三月二〇日）

訳者あとがき

本書も、これまでと同じように、飯塚立人さんと高梨公明さんによって、一冊の本にまとめていただきました。三部作から成るシリーズ「自由と愛の人智学」の最後の巻にふさわしく、本書の内容は、現代という時代の本質を見事に描き出してくれています。

とくに「機械」の時代としての現代について、本書一三六頁から一四六頁にかけて、実に見事にイメージを与えてくれています。例えば、「一九世紀の後半の頃から私たちは新しい世界を手に入れました。それはひとつの強力な新しい地層となって地球を覆っています。すべての地層、洪積世、沖積世の地層に、いま機械力をもったアーリマン層が加わりました。そしてそれが硬い外皮のように地上を覆っています」。この恐ろしい状況、「人間の傍らで、すさまじい速さで、この、いわば超地質学的ともいえる地層が、新しい硬い外皮となって覆い始めているのに、こんにちの多くの人びとは、まだ今まで通りの考え方を続けているのです」。

この状況に対する対応の仕方が本書の中心的な課題になっています。その課題は一四四頁ではこう述べられています――「いま生じている現実を認識することで、過去の時代に『美と叡智と力』と呼ばれたものを、人間はいま新たに受容するための形式を見つけ出さなければならない、と真剣に考えないわけにはいかなくなるはずです」。さらに、「外的な科学によって世界を機械化するのであればあるほど、自分の内部からかつての叡智をひとつの内的な科学として生じさせなければなりません」（一四五～一四六頁）。この課題は一〇〇年後の現在のＡＩの問題にもそのまま通じているのではないでしょうか。

この内的な課題に応えて、本書では「三分節化」の立場からどんな悪戦苦闘が可能なのかを論じてくれています。

なお、最後に掲載させていただいた小論（「今をどう生きるか」）では、二一世紀の日本で、本書の思想と出会ったときの経験をあれこれ取り上げさせていただきました。

二〇二三年九月二八日

高橋　巖

プロフィール

ルドルフ・シュタイナー　Rudolf Steiner（1861-1925）
ハンガリーのクラリエヴィェベック（現クロアチア）に生まれる。ウィーン工科大学卒業。ゲーテ学者、哲学者として活躍した後、1902年、神智学協会ドイツ支部書記長に就任。1913年、神智学協会を離れ、人智学協会を設立。霊学的観点から新たな総合文化の必要性を説き、その影響は宗教、芸術、教育、医療、農法、経済など、広範な分野に及ぶ。1925年、スイス・ドルナハにて逝去。著書・講演録多数。

高橋　巖　Iwao Takahashi
東京、代々木に生まれる。慶應義塾大学文学部大学院修了後、ドイツに留学。ミュンヘンでドイツ・ロマン派美学を学ぶなか、シュタイナー思想に出会う。1973年まで慶應義塾大学で教鞭をとる（美学・西洋美術史を担当）。1985年、日本人智学協会を設立。著書に『神秘学講義』『シュタイナー哲学入門』ほか、訳書に『シュタイナー・コレクション』全7巻、『秘教講義』全4巻ほか。

平和のための霊性 三分節化の原理　自由と愛の人智学 3

2023年11月20日　第 1 刷発行

著　者＝ルドルフ・シュタイナー
訳　者＝高橋　巖
発行者＝小林公二
発行所＝株式会社　春秋社
〒 101-0021 東京都千代田区外神田 2-18-6
電話　(03)3255-9611（営業）
(03)3255-9614（編集）
振替　00180-6-24861
https://www.shunjusha.co.jp/
印刷所＝株式会社　太平印刷社
製本所＝ナショナル製本協同組合
装　丁＝本田　進

ISBN978-4-393-32561-2 C0010　定価はカバーに表示してあります。

RUDOLF STEINER

Anthroposophische Lebensaufgaben für Freiheit und Liebe

自由と愛の人智学 3

平和のための霊性

三分節化の原理

ルドルフ・シュタイナー
高橋 巖［訳］

春秋社